移住法國×考證照×找工作×自媒體，
一場旅外學廚大冒險

攏吼蕊啦！

我那荒謬又精彩的料理與人生

阿辰師
（周胤辰）

攏吼蕊啦！我那荒謬又精彩的料理與人生

移住法國 × 考證照 × 找工作 × 自媒體，一場旅外學廚大冒險

作者　阿辰師（周胤辰）
採訪撰文　陳婷芳
責任編輯　吳雅芳
書封設計　日央設計
內頁設計　郭家振
行銷企畫　廖巧穎

發行人　何飛鵬
事業群總經理　李淑霞
社長　饒素芬
主編　葉承享
出版　城邦文化事業股份有限公司 麥浩斯出版
E-mail　cs@myhomelife.com.tw
地址　104 台北市中山區民生東路二段 141 號 6 樓
電話　02-2500-7578
發行　英屬蓋曼群島商家庭傳媒股份有限公司城邦分公司
地址　104 台北市中山區民生東路二段 141 號 6 樓
讀者服務專線　0800-020-299（09:30 ～ 12:00; 13:30 ～ 17:00）
讀者服務傳真　02-2517-0999
讀者服務信箱　Email: csc@cite.com.tw
劃撥帳號　1983-3516
劃撥戶名　英屬蓋曼群島商家庭傳媒股份有限公司城邦分公司
香港發行　城邦（香港）出版集團有限公司
地址　香港灣仔駱克道 193 號東超商業中心 1 樓
電話　852-2508-6231
傳真　852-2578-9337
馬新發行　城邦（馬新）出版集團 Cite（M）Sdn. Bhd.
地址　41, Jalan Radin Anum, Bandar Baru Sri Petaling, 57000 Kuala Lumpur, Malaysia.
電話　603-90578822
傳真　603-90576622

總經銷　聯合發行股份有限公司
電話　02-29178022
傳真　02-29156275

製版印刷　漾格科技股份有限公司
定價　新臺幣 450 元／港幣 150 元
ISBN　978-986-408-940-6（平裝）
EISBN　9789864089468（EPUB）
2023 年 6 月初版一刷・Printed In Taiwan

國家圖書館出版品預行編目（CIP）資料

攏吼蕊啦！我那荒謬又精彩的料理與人生：移住法國 × 考證照 × 找工作 × 自媒體，一場旅外學廚大冒險 / 阿辰師（周胤辰）作. -- 初版. -- 臺北市：城邦文化事業股份有限公司麥浩斯出版：英屬蓋曼群島商家庭傳媒股份有限公司城邦分公司發行，2023.06
　面；　公分
ISBN 978-986-408-940-6(平裝)

1.CST: 阿辰師 2.CST: 自傳

783.3886　　112007265

目錄

Chapter 4

飄留里昂

Chapter 5

轉換身分，繼續前行

推薦序

保持熱情把握住每一個機會，讓阿辰師帶著迷惘或好奇的你一起遊歷。即使不斷碰壁挫折，也能把握住出現的另一扇窗，人生就是如此充滿驚喜，只要你保持熱情！

Chris—— 料理 Youtuber 克里斯餐桌

這是一本「小孩不要學」的勵志書。

阿辰師在成為眾所周知的阿辰師之前，是一位魯蛇吧？「不務正業」似是他的人生哲學，而像他這樣鬼靈精怪的過動兒，終於迎來了「不務正業」也能當飯吃的時代。

阿辰師曾經懷抱當大廚的夢想抵達法國，考到廚師證照，待過餐廳廚房，動過為了簽證和室友結婚的念頭（？），創業也失敗過。法國帶給阿辰師遍體鱗傷，心靈上的青一塊紫一塊，卻沒改變他隨遇而安的個性。正因為以變應萬變，他反而待下來了，結婚生子，成家立業，拍出一支支影片，把法國餐飲介紹給臺灣，把臺灣飲食推廣到法國。他一定會說，他沒有這麼偉大，但他確實是一個雙向的交流管道。

如今，他把自己的人生攤開來給大家看了。你會看到他繞了很多路，轉了很多彎，卻豁然開朗。我們這代人若已為人父母，看了此書應也能理解：沒有什麼是不可以的。

Liz 高琹雯 ——Taster 美食加 創辦人

首先感謝阿辰師在簡短的幾次訊息溝通，就答應來協助台灣麵包團隊紀錄。認識他的時間不長，但一拍即合，可能是我們有許多雷同的背景吧？我也有一位手藝精湛的母親，也經歷過家人不認同我的選擇時的窘境，更體驗過流浪到異鄉紐約學習語言、烘焙的甘苦，為了生存什麼環境都得適應的時期吧！

在這本書裡我讀到了過去的阿辰，更了解到這傢伙怎麼能總是沒給我劇本沒跟我惢稿就可以開拍，拍完效果還挺好的，原來都是因為他骨子裡住了一隻打不死的蟑螂精神！生活的歷練豐富了他的內涵，成就了現在的阿辰師。如果你有夢想，想遊學、想創業、想當網紅，不妨看看這位浪子的故事，看看他是有多厚臉皮，有多上進地走到今天。

「出門靠朋友，臉皮夠厚、勇於嘗試」是我們的共同點，所以如果哪天我真的也紅了，他肯定功不可沒！

來蹭流量的 Lulu 姐。

Lulu 姐 ——18 度 C 巧克力工房 共同創辦人 Lulu姐

初次見到阿辰師是在一場廚師聚會中，毫不意外的，我當天的責任就是清空所有盤子，而我也有幸能親眼見到這位久居法國的大廚。本人看過了無數季的地獄廚房，雖然早對廚房的殘酷略知一二，但在看完阿辰師的傳記以後赫然發現，那僅僅只是冰山一角。追逐夢想這條路有人想了一輩子，卻從未勇敢踏出腳步，但阿辰師卻憑藉著對廚藝的無比熱情，克服語言障礙、種族歧視、法規因素，在法國里昂七進七出。

由於本人是個保守派，因此非常欽佩阿辰師能隻身一人勇闖異國的勇氣，在過程中你真的會被他樂觀以及毅力感動。本書強烈推薦給有夢卻躊躇不前的猶豫者，夢想不像百米賽跑到了終點就結束，反而更像是拼拼圖，將一個個的可能性拼湊，最終才能看見波瀾壯闊的景色。

Psyman 塞門 ——Youtuber Psyman

「斜槓油土伯的奇幻旅程。」這是閱讀完此部創作後的感受。這些受難的波折，像極了我們在廚房裡從小小的雜工學徒一路過關斬將的歷程～每每想放棄、次次想轉行，但唯有堅守信念努力撐過，才能迎來久旱後的甘霖。

再者，社會在走、人脈要有～這也是哥在書裡一直教導我們的，要謹記！既然人生只能走一遭，你可以安穩風平，或是像講 Joy 哥一樣的精彩迭起～誠摯地推薦給大家。

Raven——Les Tables par Réel 主廚 Raven

和 ChouChou 的第一次認識是在駐法代表處，當時他見到我就拉著要求拍照，並告訴駐法代表處我是名人，真是讓我受寵若驚！幾年後，他開始以「講 joy 哥」為名在網路上分享愈來愈多在法國的奇遇，然後就是現在大家較熟知的「阿辰師」。

在法國曾嘗試過申請工作簽證的人，才能了解那種被餐廳和政府機關耍得團團轉，洗三溫暖的心情。許多人因此知難而退，然而他卻像打不死的蟑螂，試過各種留下的可能，也經歷更多別人在法國沒有過的生活：寄宿家庭、羽球社團、組織料理活動、職訓中心求職、到法國人家辦私廚。書裡最經典的一句就是當別人問他「到底要怎麼認識法國朋友？」他回答：「你門打開，你隔壁不就有法國人住嗎？」

這本書，不改他在網路上的詼諧口吻，真實心裡的ＯＳ，大部份人不會講出口的，他卻很樂意掏心掏肺分享，如果你也想進入法國餐飲領域，不妨聽聽他說在美麗泡泡之後的真實世界。

安東尼 ——「安東尼廚房」站長／旅法法式料理主廚 Anthony

我一直相當佩服阿辰師的勇氣。一句法文都說不溜，就隻身前往法國，從最基礎的語言學校一步步闖蕩。光是這樣，就會令多少人打退堂鼓？更不用說在學廚之路上，還自學剪接、上字幕與影片拍攝……用著最基礎的設備，最純粹、無修飾的性格，直接開錄。阿辰師的勇氣中，更有著堅毅的韌性，能夠吃得了前期默默無名之苦，才能得到爆紅的春暖花開。而韌性之中，還得有巧，從作品中分析觀眾所好、市場所想，結合所長才能再再的創作無數令人印象深刻的經典影片。把這些特長通通攏吼惢啦，得到的就是名為阿辰師的一盤好菜。

克里斯丁——
「Ting's Bistro 克里斯丁」Youtube 創作者

曾經在臺科大教課的時候，周胤辰是我當時的小老師，記得他對設計沒有很大的興趣，畢業後自己創業做麵包，後來跟我說要去法國學廚藝，我相當鼓勵他因為學設計背景對廚藝是有助益的，就這樣一路看著他受挫與成功。

兩度至法國里昂學習，從完全不會說法語到可用法文講授廚藝課程，終於拿到得來不易的法國CAP職業能力證書。阿辰師的人生歷程，從學廚藝、找工作、自行創業，嘗盡各種酸甜苦辣，再轉型為職業 Youtuber，開啓阿辰師才藝發展的高光時刻。

在臺灣常會遇到粉絲來邀請和他合拍，為人師的我常以他為榮，也經常把他的故事推介給學生，讓學生了解如阿辰師的不同設計人之路。

本書深入淺出、真實有趣，讓人讀了欲罷不能，很值得想要了解法國餐飲生態、學習廚藝、或旅遊法國的人所閱讀。

吳珮涵——特一品牌顧問／日紳品牌行銷 執行長

上次到里昂找阿辰師相處了一個禮拜，撇開螢幕前面的他，私底下的他……其實和螢幕前面差不多哈哈哈哈。不過在聊天時，你會發現阿辰師對他嚮往的人生還有喜愛的事物，有著堅持和執行力，在這個世代的臺灣其實是很讓人激賞的。

因為和阿辰師前半生的人生背景有點相似，我們大學都是念設計，（但是）畢業之後卻用了很多在設計系學的技能，做和設計完全無關的事情。阿辰師在做餐飲和美食，我在做音樂和棒球，雖然一開始都很辛苦，但也都一路撐過來了。一直覺得我們蠻有緣分的，最後認識的方式也奇妙。其實也只是因為我臉書分享過好幾次阿辰師的影片，偶然被他看到記在心裡，過了好幾年他需要音樂的時候就直接訊息問我，而我當然也就是一口答應。

人生真的是滿奇妙的，但也就因為很奇妙，所以活著才能夠這麼多采多姿又有趣，刺激又好玩。這樣一點都不平穩的人生推薦給大家，祝大家過得一路顛簸，活得強壯而幸福！共勉之！

阿強——

「八十八顆芭樂籽」樂團主唱／「野球乾一杯」主持人

2010 年左右，還沒 Youtuber 這名詞的時代，大叔就認識阿辰了。他來我當時的餐廳，問我去法國學廚藝的經驗。他不提知名度高的藍帶，反而對沒名氣南法小學校很有興趣。聊了一晚，臨別時他眼神發亮，嘴角微微上揚，好像在說「講了半天，跟我想的差不多。」

當下就覺得這小子很有個人特色，一定會走跟別人不同的路。

多年後，我關了餐廳開始拍 Youtube，起初沒有把迅速爆紅的「阿辰師」，當年的他連結起來。後來有緣認識了，才知道他從法文學起，進入當地學校，進而在里昂生根。我們變成同行，換我向他討教！

原來，我們都是追夢的人，選人跡罕至的路走，才能欣賞稀有的風景，來跟阿辰師一起旅行吧！你不會後悔的。

徐大叔 & 傑糯米 —— 料理 Youtuber

Chapter 1

我那年少輕狂的歲月

從小跟在母親身邊習得說出一口好菜，
也漸漸發現自己對料理的熱情，
擺攤做生意、自學做麵包……
沒遇過的事就當作是一場冒險，有什麼好怕的？

媽媽主廚經紀人

這麼說好了，「大學念設計系這件事」如果別人是歪打正著，我大概就是屬於那種誤入歧途的類型。年少無知的我天真得以為設計系看起來很有趣，其實是理想很豐滿，現實很骨感，以為努力就能克服一切，卻還是敗給了天分，因為從小到大我最爛的科目就是美術，可是我的同學個個都是神級的美術生！

那時被稱為大一新鮮人的我，根本只有「慘綠」兩個字可以形容，但我仍然還是讀到了大四。大四那年，原本應該是要很忙的畢業製作，我卻意外的有空。新搬過去的租屋處有個閒置已久、位在陰暗角落的小廚房，某天閒到發慌，下意識地開始整理廚房，忽然興起了「來下廚吧」的念頭。

仔細想想，在準備升大學的暑假時，我曾經立志要把老媽的拿手菜全部學起來以免失傳，但是連續幾天跟著老媽上市場、備料、清洗、整理，做了一堆雜七雜八的前置工作後，一股莫名折騰的阿炸湧上心頭，連矯情的內心戲都來不及演一遍，老子實在不想幹了！十八歲的暑假不就是要跟朋友出去享受青春嗎？我沒事幹嘛待在家裡做苦工？只能說下廚這件事，不適合那時候的我。

說到我老媽，江湖人稱「很會做菜的沙鹿國小包老師」，張口閉口總說做菜是興趣，她也真的練了一手媲美辦桌總鋪師的硬底子。每當她自稱家庭煮婦，我心裡只想說，蛤，拜託，別誆了。

我們家幾乎每個週末都會「請客」，老媽從來不覺得麻煩，但也從來沒人覺得來我們家吃的是家常小菜。可惜那個年代還不流行斜槓，我也只能說……嗯，老媽是珍愛生命，遠離副業。

從小我就在我媽超強手藝耳濡目染之下長大，老媽雖然只是一般的職業婦女，卻盡自己所能，幾乎天天下廚。雖說是希望家人吃得健康，但我後來發現把人餵飽，應該才是她從年輕以來的真正興趣。我還記得，家裡書櫃的食譜書多到數不清，週末一到，大人們就是宴請朋友到家裡開趴，順便燒一桌好菜。小時候每到假日，我最常問父母的問題就是：「今天有誰要來我們家？」

我家廚房裡的家俬、鍋碗瓢盆、碗盤餐具多到不勝枚舉，全家只有四個人，卻有兩百多個杯子、兩百多個碗以及破百雙筷子、近百組刀叉。為了方便洗碗，爸媽從民國八十幾年就在廚房裡裝了，直到現在臺灣還不普及的——洗碗機，而且目前為止已經使用兩台了。

全家人也經常在外用餐，每到一間餐廳，我跟媽媽就會研究菜單，討論怎麼點菜，上菜後的話題也離不開菜色，我們喜歡分析料理的組成、作法，食材哪裡找得到，回家可以怎麼煮。若是有吃到喜歡的菜餚，經常不久之後就會有類似的一道菜出現在家裡的餐桌上，沒錯，阮阿母就是那麼厲害！

都說虎媽無犬子（咦），所以我天賦異稟的料理資質，應該是打從娘胎就注定了。就算沒有特別胎教，我的整個成長過程說起來也都是與食物有關的記憶；媽媽帶著我上市場去買菜、帶著我在廚房看她做菜。現在回想，小時候不懂得什麼是搞剛，但只要媽媽做「銀牙干貝酥」，每次都叫我幫她把豆芽菜的頭拔掉，搞老半天只有那麼一點點，到底是怎樣，做這道菜是在整人嗎？

媽媽傳授給我的技能，還包括了包水餃——算是我從小就拿得出手的絕活之一。小時候包水餃當然只是好玩而已，但我還真包得有模有樣，要速度有速度，要金元寶有金元寶（媽媽的水餃包法走「金元寶」路線）。包媽媽水餃後繼有人，只此一家、別無分號。沒錯，說的就是我。

正因如此，全家就我最了解媽媽做的每道料理，根本就是媽媽主廚經紀人，早早練就一嘴好菜的功夫。我國中時已經可以幫一桌的人點菜，不論熱炒店、海產店我都駕輕就熟。

那時候的我，從沒想過成為一位廚師，可我很愛看美食節目裡的梁幼祥、胡天蘭說菜。他們不是廚師，卻具有把菜說得好吃的能力，這讓我羨慕。如果有一天，我能夠變成像他們一樣，其實挺好的。

寫這本書的當下，我從大四那年，租屋處那個陰暗狹小的廚房，想起小時候學會的滿腹燒菜經綸。貌似自己很懂做菜的技術，開心地說著滿嘴的好菜。當時還真沒想到，有一天，我不僅會說，也很會做了。更重要的是，料理變成了我的日常。

原來我的最愛是做菜

某天在巷口全X找了個便宜單柄小湯鍋，買了些調味料及簡易食材，回到那幽暗的小廚房角落，我站在這些東西面前冥想，試圖找回曾經有過些微的做菜手感。接著拿起菜刀砧板，切菜備料，轉開瓦斯，材料下鍋。

果然，事情的發展完全不在我的掌控之中，鍋子立刻燒焦，冒起陣陣黑煙，鍋中那坨不知名為何物更是慘不忍睹，面目全非。盯著自己造的業，我還是鼓起勇氣想嘗試看看，畢竟我從材料選購到烹煮都花那麼多時間了，就這樣丟掉食物實在可惜。

我夾了一口放進嘴裡，咦？沒有想像中那麼糟嘛！不過就是火候過了些，賣相差了點，去除那個濃濃的焦味，調味其實還算不錯啊，多練幾次肯定是能變更好吃的。什麼叫做自我感覺良好的正確示範？這就是了！只要是自己做的，永遠不會覺得難吃。於是從那一刻起，做菜的興趣開始在我心中萌芽（真佩服我那時候的樂觀啊）。至於那鍋被我犧牲的第一道祭品，我永遠不會忘記，那就是《蠟筆小新》野原新之助避之唯恐不及的——青椒肉絲。

自信心被自己愈養愈大後，我開始了「無聊就做菜」的生活，到後來幾乎是每天開火。畢竟我還是設計本科生，拍照技術算有兩把刷子，我開始替每天做好的菜拍照，仔細修片再PO上網（剛好那時也是facebook剛問世的年代）。朋友都很捧場來留言，還幫我取為「阿辰師」。那個年代流行在名字尾巴加上「師」才夠屌，所以，「阿辰師」這名字就是在我大四時橫空出世的！

這些路人虛假的讚美又更增添了我的自信，讓我更有動力繼續做下去，我開始擴大廚藝活動，甚至每天邀請大學同學來吃飯（請他們當我的白老鼠），如果說賈伯斯在車庫裡誕生蘋果公司，那麼阿辰師我，就是在那個超級小的宿舍雅房裡的小廚房角落踏上成名之路的。

為此，我開始愈來愈認真，像是特地早起只為了趕上某個早市，尋找特殊新鮮的當季食材，或是下午專程跑到非常遙遠的黃昏市場。這股如此專注投入料理的熱情，更延伸到了設計系的畢業製作上。每次到了開會時輪到我上場時，為了掩蓋關於設計什麼都不會的我，趕快使出：「你們要吃什麼？我煮給你們吃～」總之比起在那邊裝死，我厚顏無恥地覺得自己在畢業製作上還是有付出微薄的貢獻。至少大家對我的印象就是這傢伙很會做菜，別人是工業設計組或是商業設計組，我則打趣自己是——在家自己煮。

兜了一大圈找到真正的興趣花了不少時間，但往好的方面想，當下可以更確立未來的目標——就是立刻服兵役，趕快把不得不做的義務先完成，才能開展自己的人生大事。

都說當兵是用數饅頭過日子，我的大頭兵日記雖然稱不上充實，倒也踏青了不少地方。我在畢業沒多久後就入伍，常利用當兵的放假時間到處尋找食材，走訪產地認識小農；比如需要芒果乾，我就去臺南玉井，想找龍眼乾，我就去彰化社頭，在那段窮極無聊的時光，四處找尋好食材填補了我許多空白的日子。

經過這些事，我更認識自己的能力與喜好。當你真正喜歡上一件事，不需要人逼，自然就會想去做那件事。喜歡的原因也許很多，可能是成就感、可能是天分，也可能是耳濡目染。不論如何，因為做多了，我才確定——我對做菜很感興趣。

後來我回想，其實很久以前我就想過要先好好賺錢，再來跟著媽媽學做菜，開一間餐廳把媽媽的菜延續下去。想到這裡，才驚覺，我幹嘛不直接從事餐飲業？這也是我第一次仔細思考自己未來真正該走的路。

學麵包↓擺攤↓發大財？

當兵那一年的過年，因為閒閒在家沒事做，就被老媽指派作為代理人去教阿姨滷牛肉。當天我念頭一轉，順勢向我的英國姨丈要求：「讓我們交換技能吧！」

是這樣的，姨丈來臺多年，很懷念歐洲的麵包，後來乾脆自學研究做麵包。那時候的我並不懂麵包，只覺得姨丈的麵包吃起來好不一樣。基於本魯就是一個虛心受教的好學生（演很大），於是突發奇想提出交換的想法，我教阿姨滷牛肉，姨丈教我做麵包。這個想法讓我暗自得意，覺得自己這筆交易真是太有頭腦了！

當時正是寶春師傅贏得世界麵包大賽的時代，全臺陷入一種對健康無添加歐式麵包的狂熱，更加深了我對於烘焙的著迷。雖然當時我只先學會「姨丈的麵包術」，但這也已讓我摸索到了烘焙的基礎。

做麵包的經驗讓我聯想到，畢業後曾看過一套漫畫《玄米老師的美味便當》，裡面其中某個章節講到，有間麵包店的麵包是用葡萄乾泡水產生的酵母製作的，這讓我相當感興趣。於是拜谷哥大神為師，我也開始自學研究麵包的製作法了。

做麵包的不歸路，說來更是話長。那時候當兵放假時間在家裡玩麵糰，收假再把成品帶回營區跟同袍分享，我也樂得當起大家的神隊友。每每出了「陰間」，更是潛心鑽研，找了好多書、看了好多資料，並搜尋一堆網路上別人的分享，參考別人如何起種、培養老麵以及各種經驗談，親自嘗試做壞一堆難以下嚥、酸掉、烤壞、沒熟或發不起來的失敗品，花了好長一段時間才實驗出自己的一套方法。

做出成功的麵包比我想的還要難上許多，因為臺灣的天氣潮濕炎熱，氣候變化劇烈，培養酵母的條件頗嚴苛，失敗機率相對高，每次花個好幾天養一養，最終還是壞掉這件事很正常，而培養出來的酵母要發不發還要看它心情，心情好就給你發一個漂亮堅挺的麵糰，心情不好就發不起來，一坨甘納賽。我用了不少心力跟自己養出來的酵母培養感情，摸透了它的習性才漸漸使用上手，做出還算滿意的成果，因此若講到自養酵母這件事，大概又可以寫另一本書了吧，哈哈……

實驗出 100% 自養酵母的麵包後當然很爽很開心，而且這種天然美味的麵包在臺灣很少見，就以經營面市場區隔的角度判定，這絕對充滿商機。所以我退伍之後開始嘗試經營自己的烘焙生意，邀請客人試吃、接訂單。不試不知道，一試嚇一跳，生意竟然……超差。大部分客源都是朋友捧場，然後就沒有下文了，要不然就是只訂一點點，收入很不穩定。

一股腦兒地不計較付出，那是聖人做的事，我一個俗人還是得停下來好好想想問題的癥結。當時檢討的結果是我太默默無名了，根本沒人認識我，不知道有個做天然麵包的傢伙，於是興起了開店的念頭。我著手計畫理想的店，從找店面、找設備，詢問裝潢水電到廣告招牌估價，利用自己設計的專長畫設計圖、想店名、Slogan 及規畫 VI 企業形象等，還稍微研究了一些政府的創業貸款（發現程序超麻煩，自己又不符合條件於是放棄）。

好地點太貴，租金合理的地方又看似不會有人潮，就在遍尋不著合適地點，以及當兵存來的資金怎樣算都不夠的窘迫，而且我也實在按捺不住想做生意的心，某天早上，我就自己跑去家裡附近有一堆長輩在運動的公園擺攤了。一擺下去真不得了，生意竟然不錯喔，挺受歡迎，然後我就開始了在公園擺攤的麵包人生。

社會大學的第一學期

不知道哪來的想法，我想到可以搶攻相對較少人競爭的早餐市場，我的產品賣點就是獨創的（自以為獨創，行銷學念過頭）——一早就能吃到的、暖心的、熱騰騰、剛出爐的——麵包。

於是我每天清晨四點起床烤麵包，六點去擺攤，下午再跑附近各大機關推銷，同時還網路接單。總算，收入有了起色了，不過宇宙無敵累……

小資族沒什麼本錢，但有拼勁。有一次颱風天，桌子剛擺出來就下起傾盆大雨，一眼望去公園完全沒半個人，等老半天總算來了一個熟面孔——原來是我以前國中的校長（他居然在大雨天照常去公園運動）。因為那天颱風又下雨，

公園裡的我倆看起來都很狼狽，不知不覺萌生出一股共患難的心理，所以我們當天的對話也省略了客套寒暄。重點是，那一天他對著我說一句話：「你這個少年郎以後一定會成功。」這句話還真是一點幫助都沒有，畢竟他完全沒掏錢出來買就飄走了（林北到現在還沒忘）。

擺攤賣麵包也不全然都是苦差事，當時我會把早餐時段那些沒賣完的麵包拿到機關行號、銀行證券公司銷售，成績還不錯。或許是因為我天生自來熟的好個性，跟第一次見面的客人相處幾次後，這些客人往往都變成幫我推銷麵包的姐姐們。我曾經有過開辦廚藝教室教做菜的念頭，姐姐們也是情義相挺，樓上揪樓下、厝邊揪隔壁報名上課。這些跟客人們互動的美好回憶，每次想起都讓我覺得很溫馨，好人一生平安。

說個題外話，當時我還同時兼賣自己煮的杏仁茶、桂圓紅棗茶、洛神酸梅湯。因為我爸媽是臺南人，那時候我超級喜歡臺南保安路的阿卿杏仁茶，於是

我那個不學無術的自作自受魂又上身了。就這樣，雖然還不至於到燒腦的程度，我研究出完全不添加香精、味道超濃的正港杏仁茶，還跟同一家中藥行買杏仁買到老闆叫我——杏仁哥。兄弟看好了，江湖在走，行情要有啊！

爸媽看我拚成這樣，儘管心裡不支持這樣不務正業的行為，終究忍不住伸出援手。他們親自拋頭露面跟我一起在公園叫賣，有趣的是竟然意外帶來不少生意，因為他們倆的人脈還挺廣的，很多認識的人經過看到都會過來閒聊順便捧場。漸漸的「那個早上在公園賣麵包的少年郎」在地方上闖出了些許名聲，而我也因為要跟客人喇咧，臺語整個大躍進，現在 Youtube 影片裡臺語講得還算道地，就是那個時候練出來的。

然而儘管小攤子經營得略有成果，養了一群死忠客戶，有的還從附近鄉鎮特地一大早跑來買，還有急診室大夜班的護士每次下班衝過來，沒買到我的麵包還會抱憾而歸。

可是擺攤到後期，我其實產生了一股絕望的感受。那是一種精神加肉體的疲勞，自己總會疑惑不曉得未來在哪裡？如果維持現狀，那就是這麼累？或是下一步我應該要開一家店？但生意愈好只會愈忙，麵包賣不出去又很苦惱，早上又要很早起來，時常睡不飽。

看到都已經退休的爸媽，還來當我的免費人力，心裡更加焦急。其實我感覺得出來他們很希望我去找份正常的工作，不要繼續窩在家搞些有的沒的，雖然可以理解，但我又很想盡快賺到一筆錢，證明自己是對的，因此還沒有想止步的意思。

現在回想，當時的我，實在想得太少了。我的初衷是喜歡料理，順著這份熱情，我也願意充實自己。但後來重心開始偏移，不知不覺，偏向於急迫地想要賺錢的心態。在這樣的狀態下，我甚至忽略了一些工作的優先順序，導致我還曾一度走歪賣麵包兼做直銷。

會誤闖直銷地獄，是因為擺攤賣麵包而認識做直銷的人客，沒賺到他多少錢，反被推銷，一時鬼迷心竅，居然把當時的賣麵包賺到的營收全部ALL IN。一心多用的下場就是，慘賠收場，只能怪自己「賺錢衝腦」。

直銷事件可說是一記靈魂重擊，我對麵包的熱情幾乎消耗殆盡，當時做出的麵包，連自己都不想吃，甚至會感到極度厭煩……不知道從什麼時候開始，初心不見了，用心的製作變成無心的操作，產品只是換取金錢的工具。後來聽到人家稱讚我的麵包好吃，我還會默默感到慚愧……

綜合以上種種原因，短短半年多我就把攤子收掉了。七個月的汗水與時光，終究是錯付了（走錯棚），這段經歷卻也讓我體會許多學校沒教的事情。恭喜喔，社會大學的第一學期，終於下課。

趁早出去闖，前進美食之都里昂

結束了我的小小麵包事業後，迎接我的不是鼓勵，而是直面現實——來自爸媽的壓力。家人們都很關心我的未來，也因為我而壓力極大；家人的質疑，對於未來的不確定，缺乏自信，想要證明自己……反覆出現的劇本就是爭吵、辯論、憤怒、羞辱糾結在一起的情緒。我甚至因此離家出走了好幾次，現在回想覺得當時也老大不小了，怎麼那時才出現叛逆期。

有天，媽媽語重心長地跟我說，其實他們替我存了一筆錢，供我畢業後出國念研究所。沒想到我並沒有繼續學業，反而搞了一些跟所學無關的外務。如果我還是執意要創業、做料理，他們不會支持我；相反地，如果我要出國進修，他們可以資助我。

聽到老媽這一席話，我其實非常生氣。還記得當時OS應該是：「老子那麼厲害，光靠谷狗爬文自學就可以做生意了，幹嘛還要特地花錢去國外學？」另一個讓我心裡不平衡的點是，擺攤創業時才真的是需要資金，但過程中家人卻不斷看衰。怎麼想怎麼氣，覺得家人忽視了我的努力，根本不在乎我真正想要的是什麼。

然而，某次跟一位剛從澳洲打工度假回來的學長聊到我與家人的衝突，我向他抒發自己的怨氣，學長對我說：「多少人有像你這樣的機會，父母有辦法還願意資助你出國？」他當初出國完全是靠自己，出國以後才深刻體會到，出去闖真的要趁早。最後，他反問我：「如果現在不出去，之後還出的去嗎？」

其實在我確定自己畢業後不走設計業時，我本已徹底打消出國讀書的念頭，雖然嚮往國外生活，但我覺得這實在太浪費錢了。但是和學長聊過後，我動搖了。我心想也對，多少人是想出去出不去，而可以出國卻不想出去。另一個同

意學長想法的原因，就是他說的「趁早」出國。經過仔細的思考，我告訴自己，我是男人，男人就該早早開始衝刺事業，打下一片江山，因此出國學廚藝的念頭開始在我腦中蔓延。只能說，學長馴服了我的叛逆。

抱著這樣的想法，我開始與父母討論出國的可行性。接著踏上了這輩子從沒想過會去的國家——法國。

會選擇去法國其實原因很簡單，就是憑刻板印象認為學廚藝就要到法國，而我也不是毫無準備就衝去法國，以我這麼假掰的個性，一定會開始上網收集資料，像是去法國要怎麼省錢？要怎麼樣做這件事情？一查才發現當時網路上的資料很少，簡單來說管道就是分成兩派，要嘛直接去念廚藝學校（藍╳、斐╳狄、雷╳特），要嘛就是要先學法文。

同學們，養成使用英文查資料真的很重要（必須說三遍），當我疑惑網路

上的法國廚藝學校怎麼這麼少，原來問題是出在用中文和用英文關鍵字查出來的資料量差非常多。最後想來想去，覺得畢竟要去法國，還不會法文的我，決定還是先報名語言學校去學法文，可是當時已經六月底了……

在法國，語言學校通常是九月開學，基本上大多數學生在五月時都已經完成報名，甚至有的學校註冊時間在四、五月就結束了。那時候我能夠報名的不多，大致上就是先把範圍縮小到巴黎和里昂兩個城市。又因為我一直在臺北唸書，而 TMD 我就是骨子裡不喜歡首都，打死我絕對不要選巴黎，於是就在發現里昂的語言學校還有名額的情況下，就選擇了這個法國的第二大城，至於眾所周知里昂是法國的美食之都，但對我來說僅僅是一個未知的巧合而已。

這一切只有「倉促」兩個字可以形容：決定要報名語言學校、繳完註冊費就去辦簽證，然後就出發了，就是這麼快。如果大家聽到一個長遠計畫，說什麼我很早之前就決定要去法國，然後變成一個超屌的廚師，那個人絕對不是我！

我純粹就是賭氣，不爽我爸媽不拿錢出來讓我創業，所以出走法國是千百個不願意，看到這裡……幻滅了嗎？

說是這麼說，但是真的因為剛好有學長的一番話，讓我真正體會到，我其實不需要在這麼短時間裡證明自己，既然有可以出國進修的機會，那就好好把握，畢竟，去國外學習的經驗，可不是人人都能獲得的。

Chapter 2

踏上
又愛又恨的國度

你聽過開廚藝教室、打個羽毛球也能學法文嗎？
我想，大概整座城市都是我的法文練習場。
不過，地獄般的找學校、餐廳實習的任務，
正等著我……

法文好難，日子好閒

出發去法國前，我在家找資料做功課時，就發現網路上分享去法國學廚藝的人分成兩派，一種是直接去念那些眾所皆知的廚藝學校（藍帶、斐杭狄、雷諾特）；另一種則是先去語言學校學法文，接著再另外申請學校。

令人納悶的是，法國那麼大，能找到的廚藝學校卻只有那幾家，而且學費都滿不得了的。於是我想，不如先從學法文開始，會法文後再來用法文供奉谷哥大神，或許會找到比較多的結果。當時的我，也有點自恃英文程度好，隨便在網路上找到一間價格可以接受的語言學校，我就去法國了。到了法國，才發現我以為的「英文可以走遍全世界」想法真是無知犯蠢，因為TMD他們都不會講英文！

到了法國，落腳的第一個城市是里昂，會選擇這裡沒其他的原因，就只是剛好報名的那間語言學校（里昂天主教大學）位在這裡。原本有找到其他間學費更便宜的，但礙於已經過了報名期限，所以我其實也沒有其他選擇了。

語言學校在開學時會先分組，總共分成22班，班次愈往後面，代表等級愈高，程度愈好。我被分到2班，分班的面試過程相當簡單，面試官先用法文說了一句話，只要你聽不懂的話，面試人員就改用英文把問題再說一次，接著問我會什麼？我只應了一聲 bonjour。

其實我到法國前，先找了一位法國人幫我一對一家教了一個月，可是最後我還是只會 bonjour（「趕鴨子上架」猜一句歇後語：難呀）。由此得證那一個月完全浪費錢，不過後來我和法文家教老師變成很好的朋友就是了，到現在好幾年後遇到，開口閉口都用法文在講幹話聊一些五四三。

我還記得，第一天到語言學校上課的第一堂課，真的是場震撼教育！儘管全班同學都是接近零法文基礎，老師就是直接全程用法文上課（很故意），彷彿我們都聽得懂，課堂中完全霧煞煞的同學們不時互相對望，絕望的眼神透露出共同的 OS：「哩洗勒工三小？」整天下來一個頭兩個大，赤裸地見識到法文的艱深難懂，心中不由自主地感到大事不妙，法文這麼困難是要怎麼學？

不過沒關係，撐下去奇蹟就發生了。第二週來了一位新老師——中年光頭男。這位老師看上去就是一副在歐美電影裡常出現在酒吧的臨演；白天看起來就是個平常上班族，晚上下班就跑去酒吧跟兄弟喝酒抽菸混在一塊，簡單來說，就是一個看起來普普通通的白人。不過他一開口上課以後，全班都瘋狂愛上他了。因為他有種神奇的能力，儘管講的是法文，卻能夠讓班上的這些法文白癡通通聽得懂。

原來他曾經在日本工作，很懂得教導對於語言學習有障礙的學生，加上他

娶了日本老婆，對於全班超過一半都是從亞洲來的學生而言，他的教學方式完全適合所有人的程度。而且他會運用很誇大又搞笑的肢體語言，結合單字的講解，變得生動又好理解，因此上他的課很是享受，在歡笑的課堂中自然學會一堆法文詞彙。

法文很難，但在語言學校的日子，已經算是相對輕鬆的生活了，因為基本上沒有太多壓力。這些課程是大學額外附設的語言課程，反正已經繳了錢要不要去上課沒人會管你，考試考不考得過也不是什麼大不了的事，也沒有人逼你一定要考到語言證書或拿到相關學歷，要報多久的課程只要有繳錢都可以。

因此班上從開學到學期結束，除了少數跳級到別班的，許多人開始漸漸消失在課堂上。從一開始擔心椅子不夠坐，到後來一個人占兩個位子都還有剩，可以想像在語言學校的日子有多麼自由、多麼快活。當時的生活就是白天上完半天的課，下午就想著待會要跟誰約去哪邊玩，如果沒事就再買個菜回宿舍煮

飯，愜意到懷疑自己的人生。

仔細想想，沒多久之前還在麵包擺攤、煩惱訂單的水深火熱地獄，突然閒了下來，而且還輕鬆到發慌，我甚至都感到很慚愧，不知道自己到底在幹嘛。我畢竟是個曾經擁有自己小事業的生意人，清閒的日子一長，我實在無法忍受這樣都沒事可做的生活。

當然還是很認真地學法文，用力讓自己進步，但語言真的不是一時半刻能精通的，必須靠時間累積。此外，由於語言學校是大學附設，因此假期也是依照學校行事曆，法國給學生的假期非常多，多到常常會莫名其妙突然發現怎麼這禮拜又多放一天假？下禮拜怎麼整週放假不用去學校？甚至會放假放到生氣，總覺得老子繳錢是要來上課又不是來放假的，但再多的 murmur 也無濟於事，法國的學生就是過得這麼爽。而且老實說，語言學校學的還是有限。

每當我上完課自信滿滿地覺得今天又學到新詞彙，法文程度又進步了，但踏出了校門面對現實的法國人，自信就會立刻被擊潰，發現學校教的都用不上，我還是完全聽不懂對方在說什麼，只能比手畫腳像個智障發出幾個自以為是的法文單字，經過雙方都互相感到莫名其妙的一陣掙扎後，才能夠逐漸了解對方。

弔詭的是，後來我發現，想讓自己法文進步最快的方法，就是直接去跟法國人對話。

我的法語硬聊學習術

來法國後我第一個認識的當地朋友叫做Vincent，是在剛來不到一個月的某個週日，因為冰箱裡剛好牛奶喝完，於是出門想看看附近有沒有商店賣鮮奶。礙於當時人生地不熟，殊不知法國的商店週日幾乎都休息，在宿舍附近的山上繞了半天沒看到半間店有開，想想還是去市中心找好了，反正也沒事。

我搭纜車（Funiculaire）下山時，找到位置坐下後，突然一個法國年輕小哥走到我面前，用很奇怪口音的中文詢問：

「請問你是中國人嗎？」

「不是，我臺灣人。」

「可以跟你練習中文嗎？」

「喔，好啊！」

示意他可以坐旁邊，接下來我們就開啟比手畫腳、中英法夾雜的對話模式，我用很破的法文＋英文輔助，他用很破的中文＋英文輔助。他的英文意外的好，原來是之前有待過英國，後來因為其中一個姐姐嫁給中國外交官，去過中國後開啟了他對中文的興趣。

聊沒多久纜車馬上就到站了，他主動留下手機和 FB 給我（因為我當時法國的手機門號還沒辦好），還說之後我如果有空，要再跟我練習中文，就這樣道別了。下車之後，回想剛剛的奇遇有一種說不上來的詭異，覺得他會不會是 Gay，但也開心自己才剛到法國一週左右，就認識一位當地的法國人了。

幾天後，我和 Vincent 約在學校附近的銀行見面，因為我在銀行遇到一些問題，在法國開戶的手續很複雜，不像臺灣那麼方便快速，沒有戶頭就不能辦手機，也無法申請房屋補助，加上銀行寄來的文件我也看不懂。想起 Vincent，我就請他幫忙看看我到底是缺了什麼資料。

處理完後他就提議到酒吧，請我喝啤酒，我們有一搭沒一搭地聊著，才發現原來他竟然住在我們宿舍附近而已。直到現在，每次經過那間酒吧，我都還會想起當時的場景。那間酒吧到目前為止我只去過一次，就是跟 Vincent 的那一次。

總之，我們變成了好朋友，之後每週我們都會找一天碰面，他來我宿舍或是我去他家，我教他一點中文，他教我一些法文。有一次約去他奶奶家做菜、幫他弟弟慶生，後來我放假回臺灣還帶了一堆小學國語課本作業簿送他，直到現在我們還斷斷續續保持著聯絡。

回想最初被他搭訕的當下，心裡其實有點怕怕的，畢竟人生地不熟，一個大男生主動向我留下電話和 FB，這不就是我對有興趣女生用的招式之一嗎？所以我也曾好奇，是不是他有什麼意圖？

雖然剛開始懷疑他是Gay，不過因為我本來就有很多好朋友是同志，和同志朋友們相處起來跟一般朋友也沒什麼不同，Vincent對我一直以來也沒什麼特別不尋常的舉動，直到有次身旁的女性友人們起鬨說要幫他介紹女友，他回說很可惜……他因為很愛旅行，所以可能比較沒空照顧女朋友。我聽到頗訝異，當下直截了當地開他玩笑說：「我以為他要講『很可惜……，我喜歡男生……』」他立刻笑出來，很認真地跟我解釋他喜歡的是女生，直到那一刻我才完全釋懷，原本以為的好基友Vincent，純粹就只是一個想練中文的法國直男而已。

除了Vincent的協助之外，本人感到最有效率的學習方式，就是在宿舍的走廊上及公用廚房裡跟鄰居們喇咧。由於我很愛待在那個小小的公共廚房，占用那台爛爛的電磁爐，其他人聞到味道也會圍過來問我煮些什麼東西，很自然就開啟話匣子。

我住的那層，鄰居們很愛晚上聚在走廊聊天喝酒抽水煙，大家也都會主動打招呼，儘管他們很多都來自不同國家的留學生，大部分的人都有英文能力，畢竟英文其實算是相對簡單的語文，根據住我隔壁一位超愛蹭飯的阿爾及利亞人的說法，他的母語是阿拉伯文，從小就學法文，現在唸研究所需要用到英文，他自學幾個月就會講了，幾乎溝通無礙。

在法國，我們鄰居們不喜歡叫人家Wendy、Jason之類的（菜市場）英文名，我那位阿爾及利亞舍友就問我：「你到底叫什麼名字？」當我介紹自己名叫周胤辰，就聽到他用濃重的外國腔試著叫我「胤辰」，令人感動的是，他真的一直都記得我的名字。離開宿舍已失去聯絡的多年以後，某次在路上聽到有人叫我胤辰，猛一瞧就看見他迎面而來，這路上巧遇的情節簡直可以拍成「他鄉遇故知」的純愛電影了。

由於鄰居互相之間都還是講法文，因此我強迫自己聽他們講，盡量不用英

文跟他們交流，把我會講的法文亂講一通，讓他們懂我就好。用自己不熟的語言硬聊，一開始真的超痛苦，除了常讓他們一頭霧水，自己也會講到很挫折。每次聊天結束回到房間，都感覺自己像個白癡，腦袋又痛又累，如同高中上完整堂物理課有聽沒有懂，還要裝懂討老師歡心的那種感覺，實在是身心俱疲。

只是這樣的過程，真的有用。強迫自己每天硬聊，經過這樣的疲勞轟炸，某天才驚覺自己的語言能力已經進步神速了，尤其是聽力和口說，課堂上除了那些來自拉丁語系（義大利文、西班牙文）的同學外，就屬我進步最快。

邊學法文邊享受生活

各位觀眾，剛剛提到的只是我學習法文的方式之一，再來我想聊聊我第二個學習法文的方式——打羽球。

認真說起來，我真的是很積極地找事情來填補我的空閒時間。我從小打羽球，球齡有十多年了，在臺灣時也曾參加校隊，所以當初想都沒想就把羽球裝備一併裝進行囊帶來法國。我到法國第二週就開始上谷哥尋找可以打羽球的場地，靠著關鍵字「badminton」找到一個體育館有固定社團球隊會在那邊打球，看好時間就帶著我的球具裝備過去。

到了球場先找到負責人，他看我聽不懂法文，就大致跟我表示這個球隊其

實是類似俱樂部，每年需要註冊才能來打球，但是註冊日期已經過了，可能要等明年，但如果我今晚想要打這一次沒有關係。於是我就自行在一旁熱身，接著拿起我的球拍，下場跟他們報隊。這個羽球俱樂部在里昂是規模最大的，隊員的實力也算一等一的，不過我在場上的那一個多小時，不小心都打贏了。

胖胖的球隊經理在旁看著我們打球，結束後走過來對我說：「其實球隊還有名額可以讓你加入。」接著他深吸一口氣，雙眼看著我，他以非常遲緩的語速說著英文，一步一步解釋我該如何註冊、成為球隊一員。好不容易解說完，我也終於略知一二，看他彷彿卸下重擔，長長地吐了一口氣，站在他旁邊打球經常搭檔的哥兒們拍拍他，雙眸流露出「幹的好」的目光，當時第一次體會到要法國人講英語是一件多麼痛苦的事情。

後來我在球隊裡認識了不少朋友，他們給我的外號是「le mur」（那道牆），可能是他們覺得怎樣攻擊都打不死我，所以當我站在後排時會讓隊友很放心，

對手很死心。然而真正能跟我溝通的人卻相當有限，因為會講英文的人太少，儘管我盡量想用法文跟他們交流，但效果不太理想。不過他們也會邀請我參加他們的聚會，家裡喝酒開趴等，殊不知，這樣的場合也是一個練法文的好時機，而這也是我結識好哥兒們Kris的機緣。Kris來自印度洋上的小島模里西斯，他老爸是法國人，因為有法國籍所以來到法國。他是球隊裡面極少數英文溝通無礙的人，個性白爛好相處，超愛講一堆屁話，球打得不怎麼樣卻很愛膨風自己多厲害，看到我最愛嗆：「今天要把你電爆！」但明眼人都知道不可能。

Kris當初來到法國時也是零法文基礎（他老爸很早就離世了，所以來之前也沒機會講法文），所以他很能同理我學法文的痛苦，偶爾也會給我一些學語言的建議，會教我一些有趣又實用的單字，甚至他還曾短暫讓我借住他家。我們一直都有保持聯繫，我真的很慶幸能夠交上這樣一位朋友。

「生命就該浪費在美好的事物上」，這是假掰文青說的話。而在真實的生

活中，語言學校就是時間太多、日子太閒（閒到像鹹魚一樣）。因為時間太多，所以有不少留學生都會趁在語言學校的時間，實現自己的 bucket list（願望清單）。留學生們的 bucket list 基本上都差不多，就像我來歐洲了也沒有滑雪過，不趁此時更待何時？

里昂附近分布許多阿爾卑斯山區著名的雪場，我靠著谷哥帶路，找到距離里昂一個多小時的火車車程，再轉乘約一小時車程的巴士上山到雪場。後來才知道，一般人若要當天來回滑雪站，通常會一大早滑雪站開門時抵達，約下午四、五點天黑之前就得離場，而那天我到達滑雪站已下午兩點了。

因為搞不清楚狀況，我看到租用設備的店家有小朋友穿戴集合，便鬼鬼祟祟地跟了過去，遠遠地看著他們做什麼，我就跟著做什麼，教練發現我在偷學，還走過來指導我。拜 Youtube 所賜，做菜、修車各種生活技能都能自學 Get，所以我早就看了超多 Youtube 初級滑雪教學影片。我天生運動細胞好，加上會

溜直排輪，一週後我再上山玩滑雪，輕輕鬆鬆就上手雙板Ski最簡單的初學者練習坡道；再過一陣子，連黑色最高階的專業玩家級滑道也能駕馭了（歐洲雪道以顏色分類，依難易度有綠色、藍色、紅色、黑色）。

抱著「心想這輩子可能也就只有這一次來法國」的念頭，我一時技癢想要試試單板滑雪Snowboard，照舊先在Youtube上網看教學影片再來實地練習，只不過這次簡直摔死了，可是摔愈慘反而愈激發挑戰的慾望，就像是越級打怪過關時，那種爽度爆表的心情難以言喻。那一年的冬天我一直往山上跑，平時省吃儉用的窮學生，結果卻在滑雪花了不少錢……

做菜、打羽球這種健康暖男是我的人設，但人設也有崩壞的一天，這得從夜店說起。我其實不喜歡跑夜店，但人不輕狂枉留學（咦），有次語言學校的同學約我去說要見見世面。那晚舞池中有個不認識的男生喝醉了，不分青紅皂白一把摟住我，夜店燈光太暗、音樂太吵，跳過交頭接耳、耳鬢廝磨的前戲，

忽然，連同他另外兩個也半茫的兄弟加上我，四個男人就摟在一起跳舞了。等我們離開夜店，摟我的那個男的提議去酒吧續攤，我當然奉陪到底。法國當地的夜生活其實有點貧乏，不像臺灣還有小吃店、深夜食堂，酒吧，在法國的店家通常營業到凌晨兩點都算晚了。

憑藉我那猶如偵探般的眼力，看出他們似乎和酒吧老闆熟識，聊起我從臺灣來的，要體驗法國文化。一開始先是一瓶白葡萄酒熱身，後來氣氛愈來愈嗨，酒吧老闆拿出 shot 杯，調製莫名其妙顏色的調酒給我們四個人一人一杯，再後來喝到斷片似的，只記得酒吧老闆一直說：「你們一定要喝這個那個……」雖然沒有醉到不省人事，但整個晚上我應該吐了五次，搭計程車到租屋處後也是衝廁所先吐再說，跟這三位酒伴結交的經過就是這樣不醉不相識。後來我念廚藝學校在里昂實習時，也曾在他們租屋處打地鋪、睡沙發三個禮拜。真的是在家靠父母，出外靠朋友。

住宿期間教學生做菜

「到底要怎麼認識法國朋友？」

「你門打開，你隔壁不就有法國人住嗎？」

當時一起在語言學校的一個臺灣同學煩惱不已來問我，我還真是李組長眉頭一皺，發覺……這是什麼問題？

宿舍不只是一個小型地球村，其實某種意義上也算是我在法國生活的縮影，就像我在宿舍裡還成立了一個廚藝社團。這種公立宿舍定期都會舉辦各式各樣的活動給住宿生參加，有舞蹈、藝術、音樂、體育等等各種主題，內容不盡相同，有的是聘請外面的人來舉辦，大部分則是由住宿生自行發起。

說起會成立這個廚藝社團，是來自某次宿舍舉辦的廚藝班，當時宿舍和學生保險公司 LMDE 合作開了一系列為期三週、每週一次的廚藝教室，只要是住宿生都可以免費報名參加。

我當然充滿期待地去報名，本以為法國人的廚藝教學應該會很有一套，不過三週的課程下來，發現完全在我預料之外，因為教學者並非專業廚師，是健保公司的員工，看起來很年輕貌似剛畢業，料理的主軸是以健康快速為取向，因此可想而知做出來的東西相當「健康」。印象最深刻的一道菜是把花椰菜和洋菇直接切一切就拿來生吃，我超震驚的，說起來這可以算是我第一個法國的飲食文化衝擊。

就在最後一堂課即將結束，大家坐在一起享用當天莫名其妙說不上難吃也稱不上好吃的成果時，我不小心（好啦，其實很故意）讓在座的學員們知道我其實是想來法國學廚藝的，然後又不小心秀了一下自己做菜的照片，就有人拱

我開班授課。由於是來自外國妹子的要求，當時的我哪抵擋得住，而且又剛好可以順理成章地互留聯絡方式，於是我就開始在宿舍教做菜了。

我在備課時其實頗掙扎的，煩惱到底要教什麼內容，因為參與的對象幾乎都是沒有烹飪經驗的大（ㄒㄧㄠˋ）學（ㄆㄧˊ）生（ㄏㄞˋ），要如何引發他們的興趣，並有效率地讓他們學會一些基本技巧，可以讓他們回家真正開始做菜，不要再一天到晚只能吃那些現成不健康的加工食品。

老實說，成立廚藝社團的原因，除了可以認識一堆妹子、加FB，另一個就是我入住學生宿舍後，我發現身邊學生們平常拿來填飽肚子的食物，真的是很糟糕，實在看不下去了。

宿舍裡面住著來自不同國家、世界各國的大學生，有趣的是，大家普遍對食物的理解都很淺薄。法國不像臺灣外食很方便，而且不便宜，外面隨便吃一

餐最少也都要花個6至8歐（折臺幣約200、300多元），因此學生們為了省錢，經常會吃罐頭或微波食品配工廠生產的廉價麵包。

而且法國的微波食品沒有我們臺灣便利商店這麼厲害，除了冷凍披薩，就是便宜的義大利麵拌罐頭醬，窮學生普遍都吃這類食物；再不然就是很無聊的——拆開就能吃的沙拉。這也算是另一個我剛剛去到法國所受到的文化衝擊，心想：靠！法國食物這麼出名，結果他們當地的人吃得這麼隨便！

即便當地最常見的街頭小吃Kebab（類似沙威瑪但更道地，很像三明治裡夾肉和生菜再淋醬），配一份薯條加一杯飲料，大概要6、7歐元左右（折合臺幣200多元），以窮學生來說，不是人人就能負擔得起的。

想來想去，最後決定第一堂課就從基本的刀工、怎麼正確使用菜刀教起。再來，我準備了歐洲很常見的三道式菜單，前菜、主菜、甜點，這也成為往後

我教學的固定模式，帶著學員認識一些當季低單價的新鮮食材，將重點放在如何在宿舍使用簡單省錢的食材，做出美味快速的料理。

第一次社團上課來的人不多，只有五個學員，我先教他們自己做義大利麵，食材便宜又簡單，只有麵粉、雞蛋，兩樣再和成麵糰揉一揉，也不用另外買麵棍，拿空酒瓶替代就可以了。雖然製作過程不難，但是我是用英文摻雜一點破法文說明，因此解釋得又慢又辛苦，腦袋打結同時還要示範、調整每個人的動作，整堂課拖到很晚才結束。不過他們似乎都很滿意我的教學，督促我課程要再繼續開下去，還說要幫忙找學員來參加，所以課程就這樣延續下去。

當時在FB成立了一個私人社團，只有認識的人才能夠被加進來，裡面公布每次上課的照片、下次上課時間，以及協調這週誰去借鑰匙等等。在口耳相傳之下，被加進來的同學愈來愈多，每次開課也愈來愈多人報名，直到有一天我去宿舍管理中心填寫場地租借單的時候，宿管阿姨問我是不是那個在教做菜

的Chef，原來這個廚藝教室的名聲已經被他們管理階層注意到，於是她留下我的聯絡方式，打算轉交給他們宿舍專門辦活動的負責人。

幾天之後我收到一封e-mail，詢問我有沒有意願對所有住宿生開放，將我的廚藝課變成官方公開的活動，費用由宿舍全額補助。這種可以認識更多朋（ㄇㄟ／）友（ㄓˋ）的機會，而且還不必大家分攤食材費，我當然好啊！然後，我開的廚藝課就被做成海報，貼在每棟建築物的布告欄了，報名的方式不再透過原本的私人社團，而是透過宿舍官方信箱，統一報名（靠北，我的社團被官方收編了）。

從走廊上結交朋友、胡亂喇低賽，到開廚藝班分享料理，透過食物交流語言、文化，我的法文程度很自然的、一點一滴得到養分。不敢說自己進步神速，但從廚藝班第一堂課講不出幾個法文單字，幾乎全英語授課，到後來變成官方活動以後，以法文為主、英文為輔的教學，這之間的轉變其實也才短短不到半

年，連從第一堂課就參與的學員都有明顯感受到我的語言進步神速。儘管距離用流利的法文溝通還天差地遠，但我講的法文已經愈來愈多人能夠聽懂，自己也大致能夠明白對方的意思。

老實說，我在語言學校並不是用功的學生，老師上課指派的作業，我沒有一次完成，除了前一個多月很用功回家讀書，到後來根本放棄不寫，因為我覺得太困難，之後乾脆放牛吃草，下課到處趴趴走，買菜、煮菜、跟各個地方的朋友亂聊、教做菜，偶爾還為了出去玩，翹課不去學校。

然而幾個月後，班上的亞洲人當中就只有我能夠自在地跟老師對話，經常老師問一個問題，我就能反射性地直接回答，其他人都還在面面相覷一臉懵懂，老師就跟我繼續對話，講了半天造成其他同學搞不清楚狀況，開始眼神渙散。觀察到這個現象以後，老師後來提問題，我還必須忍住不要立刻回答，讓其他同學有機會練習，以免造成我一個人占用老師的情況。

校內考試我也沒特別準備，輕鬆過關還提早交卷，但我也不想換去高階班，反正自己學語言的主戰場本來就不是學校，老師同學都已經很熟悉，不如就這樣唸到學期結束。

對我來說，最有效的語言學習方式，其實是與人接觸，在宿舍的這段期間，剛好透過廚藝課程審視自己法文程度的進步，也從中體會到法國在飲食文化帶來的衝擊。果然，不到當地一趟，就不會知道，不是所有的法國人都懂吃啊！

我要成爲法國小當家

在法文稍稍有了一點程度後，我開始嘗試用法文供奉谷哥大神，在那熟悉的搜尋欄位輸入這輩子從沒嘗試過的第三種語言關鍵字，不查還好，一查發現結果還真他X的多啊！

原來法國各地都有公私立的廚藝學校，密集程度如同臺灣各縣市鄉鎮都有在地的高中職一樣，對法國人而言，想學廚藝、學做甜點麵包、從事專業餐飲工作只要就地入學即可，哪有人會特別去那些要額外付高昂學費，也就是外國人在網路上能夠搜尋到的藍帶、斐杭狄、雷諾特等私人機構？

法國公私立學校的技職體系，已經建立相當完善的產學合作，簡單來說，

學生從入學開始就跟企業簽合約，學校課程與實習並行，學生不僅自己不用花一毛錢，每個月還能領到薪水。看到更多詳細的基本資訊，讓我鼓起一股勇氣與希望，踏上了「尋找法國在地廚藝學校，立志與一般法國廚師平起平坐，成為法國小當家」的旅程。

我最先詢問的學校，是間位於里昂市區私立高職（Jehanne de France），主要是因為看到這間學校官網有一個 CAP 廚師執照一年班（正常法國學生都是拿兩年 CAP 的執照），不過我去的時候他們還沒開放新學期註冊。當時有特別詢問接待的秘書阿姨收不收外國人，他回答他們似乎沒收過外國人，接著讓我在一張小小的文件留下基本資料，說之後會再跟我聯絡，很明顯看的出來就是要打發我的意思，果然，過了約兩個多月都沒有下文……

接下來我便採納法國朋友的建議直接去問 CIO（Centre d'Information et d'Orientation），這是一個公立機購，負責輔導法國學生升學、發掘興趣，與

學校的選擇，這樣的公立機構在每個大城市都有。接待我的阿姨相當熱心，他看我法文不是很好，還請另一位會說英文的同事一起來幫忙。我問他們里昂是否有類似像巴黎斐杭狄的廚藝學校，有提供CAP證照課程並且有收外國人，然後給她們看斐杭狄的網站及課程資訊，她們第一個反應竟然是：「哇！怎麼那麼貴！」斐杭狄這間臺灣人以為的國際名校，對她們在地人而言，卻連聽都沒聽過。

由於一般CIO的諮詢都是要事先預約，因此阿姨幫我預約了下次的時間，屆時會由對這個領域較熟悉的人員來協助，然後阿姨很有信心地告訴我，里昂一定有類似的學校，而且學費不會那麼貴，於是我就很開心地離開了CIO。

但是，到了預約諮詢日期的前一天，他們竟然打電話通知我取消了，因為我居住的所在地有該地區負責的CIO分部（我當時去的是里昂CIO總部），他提供我這區的分部電話，要我去那邊重新預約……

所以我只好重新專程去一趟自己這區的 CIO 預約（因為以當時的法文程度怕電話講不清楚），又等待幾天後才成功諮詢到。協助諮詢的女士非常有耐心，看我似乎聽不懂時，就會慢慢解釋，而且也給我很多鼓勵，她幫我找到了頗適合目前狀況的 GRETA LYON。

GRETA 是法國公家的教育網絡，它們提供各種技術養成、語言學習等的職業訓練。只要是想學習、轉職、提升技能、拿文憑等，在法國有合法居留的人都可以提出申請，並且會依個人情況給予適當的補助。CIO 的女士給了我 GRETA LYON 的 CAP Cuisine 資訊，建議我去問問，就這樣，我過關斬將來到了 GRETA LYON 負責餐飲相關訓練的部門詢問如何報名、資格限制、訓練內容等。

櫃台阿姨給了我報名資料回去填寫，內容就是一些基本資料、家庭財務狀況、履歷動機信等，還會附一份說明會時間表，告知我要聽過說明會才有資格

申請，且說明會也要先報名預約，並建議我之後來聽說明會時一併把填妥的資料交過去。

阿姨看我法文貌似略懂，便很仔細地跟我解釋申請資格，申請人要有在相關領域工作或實習至少15天的經驗，可向法國就業中心Pôle emploi申請EMT（職業能力評鑑），或者其他形式的實習證明都可以。聽到這裡，我整個傻住了，因為自己還在念語言學校，哪來當地的工作經驗或實習證明？不過當時也只能將計就計，先不管那麼多，聽完說明會再說。

兩週後，我參加了說明會。來聽的人並不多，年輕的年長的都有，不過這之中只有我一個外國人。說明會內容基本上就是介紹訓練的課程、訓練項目、訓練的時間、地點及一些細節等，因為都是法文的介紹，所以頂多可以聽懂五成我都要偷笑了。會後，會再依每個人報名的項目開始進行紙筆測驗。哇靠！我又震驚了一次，怎麼報名前完全沒聽說要考試？

我報名的這組（CAP Cuisine）的考試內容是一些法國料理的基本常識和衛生觀念，比如問到需要舉出里昂或附近地區三間米其林三星的餐廳、某樣糕點的底部餅皮是什麼做的、廚房工作的衛生管理流程等。

考題還有要寫出一道傳統里昂菜的食譜，而且內容通通是寫法文。雖說泰山崩於前而色不改是我本人，口試的話，我就算有辦法一本正經地胡說八道，但換成筆試，我只能不斷檢索腦袋裡所知的法文單字，翻騰拼貼出盡可能通暢的語句，可想而知，作答超級吃力。最後，我還在個人意見欄用英文抱怨考試內容為什麼沒有英文版。

測驗結束後，大家登記了自己的姓名電話和報名組別，就各自回家等待通知。過了一個月都沒有下文，我鼓起勇氣打電話去詢問，他們回答說如果有符合資格（也就是有實習證明或 EMT），就可以幫我安排面試。但我就是還沒有實習證明或 EMT 啊！

「距離開課時間還很久（該年九月），只要在那之前達成資格就可以了。」聽到對方說得一派輕鬆，心裡就一肚子火。但人家說的也沒錯，於是我硬著頭皮跑去就業中心 Pôle emploi 詢問 EMT。

Pôle emploi的承辦人員說，要先註冊才可申請就業中心的服務，事不宜遲，現場馬上註冊、上網登記資料、預約面試，blah、blah、blah。因為要面試過後才能完成註冊（法國做什麼事情都要預約、都要等，早已見怪不怪），所以過了一週又再回到 Pôle emploi 面試。

終於，終於可以面試了，一進門我見到一位面試大姊，她看了我，再看了看我的資料，她說：「因為你的身分是學生，學生是不能註冊就業中心的。」

當下只覺得……這種事是不能早一點說嗎？

自己花費了大量的時間，一直在處理報名、預約、面試、沒有錄取、不符合資格的行程程序，像是走入了一個迷宮，不斷在裡面繞圈，卻一直找不到正確前進的方向。時間一天天流逝，每天都讓人更感到不安與焦慮。在這個的狀況下，我開始懷疑自己，我到底還有什麼選擇呢？

餐廳實習求職到處碰壁

我的法國小當家之路，經過上述峰迴路轉後，其實也就只剩下一條路可以走的路，就是必須擁有至少15天的實習經驗。於是我拿著資料向語言學校的秘書處求救，他們看過資料後告訴我沒問題，只要找到餐廳願意讓我實習，他們就可以幫我準備實習合約跟餐廳簽訂（政府有規定，學生若在法國實習，企業必須跟學校簽訂符合一定條件的實習合約以保障三方權益）。

面對緊要關頭，我只好再一次地使用好友Vincent，在他的協助之下，我完成一份找工作用的履歷及說明求職動機的信（印了二十多份，花了貴桑桑的彩色影印費），然後我上TrIpadvisor，尋找里昂的好評餐廳，找到條件不錯的餐廳後，我就厚著臉皮一間一間親自詢問，看他們願不願意給我實習機會。

我還記得那時站在餐廳門口，準備進去丟履歷的當下，一股油然而生的緊張感，覺得自己根本就像個菜鳥推銷員，弱弱地要去客人家裡陌生開發。一方面非常希望可以順利成交，但另一方面又害怕被拒絕打槍，結果就是站在人家餐廳門口猶豫不決，糾結著何時踏出第一步。好不容易，等到能量充滿，終於鼓起勇氣踏進店門，結果就如同大部分新手推銷員都會遇到的情況——謝謝，我們不需要。

我找了約20家餐廳，超過一半連看都沒看就拒絕，理由有很多種，像是原本就沒有收實習、只收廚藝學校的學生，至於其他情況就更敷衍了事，看看履歷、問幾個問題，甚至是根本不會有見到主廚的機會，服務生讓我留下履歷，並說明會協助轉達主廚，最後就是謝謝再聯絡。

投完履歷的當下我感到非常失落又灰心，自己一個外國人，在那邊沒家世沒人脈，語言不通，外加沒有受過正規訓練，這樣的背景怎麼可能得到一般法

式餐廳的青睞？心裡一度自暴自棄，腦中忽然閃過「不如乖乖花錢去報名那些專門招收外國人的私立廚藝學校吧」的念頭。

雖然一度想對現實低頭，但我還沒有那麼快放棄。忽然，我想到或許經由朋友的介紹比較有機會，因此向身邊朋友打聽，有沒有人認識餐飲業相關的人士。幸運的是，一位經常來上我廚藝課的韓國朋友聽說了我的情況，熱心地推薦她認識的一位華僑老闆，他在里昂經營泰國餐廳，或許有辦法幫上忙。

於是我就去跟那位泰國華僑老闆聊聊，由於他會講中文，因此溝通起來完全沒有任何障礙。他慷慨地表示願意為我處理這15天的實習證明，並拿了紙筆寫下需要我回去準備的資料，還特別叮嚀我動作要快，因為此時已經接近我讀的語言學校學期的尾聲，一旦開始放假，學校就不會有人，實習的資料也就沒辦法處理了。

有了泰國老闆的支持，我滿懷感激地開始進行申請實習資料的準備。然而就在那一個週末，我接到一通陌生來電。對當時法文程度十分殘破的我來說，用電話溝通實在是場恐懼且痛苦的折磨，但我還是勉強聽出對方是某家餐廳，看到了我的履歷，邀請我過去聊聊。

在這麼窘迫的時間下，沒想到還有餐廳回覆，我當然二話不說，欣喜若狂地趕緊留下地址電話，約好當晚就去面談。晚上，我來到了位於 Bellecour 廣場附近的這家餐廳：Le Comptoir des Marronniers。

老闆兼主廚 Vincent（沒錯，剛好又是叫 Vincent）很親切地招呼我，儘管他口音頗重，講話也有點含滷蛋，雖然聽了很吃力，但還是大致了解他的意思。他說他餐廳後廚這個職位現在正好缺人，看了我的履歷覺得頗感興趣才請我來談談。

接著，他開始問我為什麼想找實習？我很老實地回答他，因為要滿足申請GRETA的條件。他對於我履歷上洋洋灑灑寫到「為了追尋料理的深度與廣度，而遠渡重洋來到法國找尋提升自我的學習機會」的這個動機印象深刻，並詢問我想如何達到這個目標？我很直接地回答，自己其實沒有很想去念廚藝學校，想直接工作，認為進到廚房環境累積實戰經驗比較實際！

或許是認同我的想法，也或者出於好奇，他又接著問我履歷上提到「每天在家自主訓練作菜，精進自己的廚藝」到目前為止有做了哪些嘗試？聽到這個問題我瞬間充滿了自信，其實我事先就有準備Ipad（對，我就是個心機Boy），剛好抓緊機會當場就秀給他看，之前做過哪些和料理相關事情的照片：創業做麵包、宿舍教做菜，以及來法國後運用當地食材嘗試的料理實驗……

如此一來一回的談話後，對我有了大致了解，他說：「不如你就不要實習，直接來工作吧！」聽到如此爽快到令我驚訝的答覆，我不禁懷疑自己的耳朵，

為了再次確認我小心翼翼地反問他：「我沒受過正規的訓練，也沒去過廚藝學校，你確定嗎？」

Vincent 爽快地回答：「Pourquoi pas ?」（為什麼不呢？）

受盡折磨的我仍放不下心，我提醒他：「聘用像我這種外國人需要相當複雜的手續，雇主還得多花一筆額外費用，真的沒問題嗎？」

老闆拍胸脯表示沒問題，他會處理。接著他要我回去準備兩樣基本資料：護照影本以及社會保險號碼，並留下手機號碼給我，說有問題就直接問他，並且盡快把資料給他。

當晚回宿舍以後，我按耐不住這等候多時的喜訊，忍不住打電話給在臺灣的爸媽，不惜在臺灣的半夜吵醒他們：「我在法國找到工作了！」之後也再去

向那位慷慨的泰國華僑老闆道謝，並告知自己已經找到工作，不用再麻煩他幫我操心實習的事了。

當然，事情絕對不是憨人想的這麼簡單。

爲什麼不早說？

隔兩天，我將資料拿給了 Vincent 主廚，他說會盡快連絡我，結果過了好幾天都沒下文。於是我跑去餐廳找他，他的答覆是現在已經將資料交給某某某處理（礙於比較專業用語的法文聽不太懂，我猜可能是指會計公司或者其他掌管人事的主管吧），要等他們處理一些流程，畢竟我是外國人，要承辦手續比較多，因此需要再等等。

我其實早就習慣法國人這種沒什麼效率的作業模式，之前處理銀行開戶、申請房屋補助、入境居留 OFII 體檢等，都是一拖再拖，所以我並不意外，不過也因為有這些經驗，我還是跟他再確認一次是否真的會在這邊工作，他很肯定地表示不用擔心，一定會。

再隔一週，由於我有事得在下個月回臺灣一趟，所以又去詢問主廚我回去的時間點是否會影響工作，他表示待簽約之後都可安排，沒有問題，不過還是要再等。之後因為遇到一些活動外務，隔了快兩週沒再連絡，於是又有點緊張地去找他，想詢問關於合約的進度，同時再次跟他提醒要回臺灣這件事，畢竟一切都還沒有確定，我連機票都不敢買。

終於，等到要跟老闆進一步處理合約的進度了，因為怕有些名詞聽不懂，當天我特地找了一位法文很好的臺灣朋友陪我一起去。首先，我問老闆會簽哪種合約，因為之後我的身分會牽涉到居留問題，他說會跟我簽CDI（Contrat à Durée Indéterminée，為無固定期限合約，也就是長期工作約）。聽到要簽這合約時暗爽了一下，畢竟在法國這種合約對員工是最有保障的，而且也相對不太容易在一開始工作時就拿到。他簡單解釋了之後的工時及工作內容等，不過最後結論還是告訴我，一切都要再等……

談完離開後，我朋友不斷恭喜我：「你就要飛黃騰達了啊，之後如果回臺灣有這樣的經驗不得了啊」「直接拿到超屌的 CDI 合約啊」等，這種話聽了頗爽，但同時心裡總覺得毛毛的，畢竟一切都還沒有塵埃落定。

回法國後，又經過很長一段時間的等待，家人們也問我工作細節，但我都講不出個所以然，只能推託還在等消息。最後我終究按捺不住，又跑去找老闆。這次到他店裡沒見到他，聽說他兼做後廚人員的工作，在廚房裡忙東忙西不太方便見面。他請服務生轉達，和我約下週二的下午五點半再來一趟跟他見面。我想，差不多也該簽約了吧？

會面當天，我再次麻煩那位法文一級棒的臺灣朋友陪同前往，這次主廚大遲到，快六點才見到他。見面之後，他帶我們到廚房門外類似防火巷的地方，默默地點起一根菸，略顯彆扭地開始用他那含滷蛋又帶有濃厚腔調的口音，解釋現在的狀況。

Vincent說他沒想到要雇用我竟然這麼複雜，除了要準備許多文件給政府單位，雇用像我這種非歐盟人士還得額外繳納一筆不小的費用。況且他們餐廳規模不大，包含他總共也才十個人，難以負擔起這筆費用。而同時在這段期間，還有另外三個法國人來應徵這份工作，他跟團隊經過討論後，決定放棄聘用我，因此要向我說聲抱歉。接著，他寫下幾間里昂其他餐廳的名字，說他們似乎有比較多聘請外籍員工的經驗，建議我可以去問問看，聽完Vincent的說明，我也只能黯然地離開。

那時候法文不夠好，不然當下其實很想直接嗆他：「靠北，你搞我啊！」

工作飛了、實習也掰了，這樣也無法申請職業訓練或廚藝學校，因為申請的時間點已經過期。可能因為過往的一些經驗，面對如此曲折離奇的過程，我發現自己沒有太多憤怒，摸摸鼻子告訴自己學到了一課，又更了解法國文化。

冷靜下來想想，其實法國正面臨居高不下的失業率，如果想在法國取得正式的工作資格，就得找到規模夠大的企業，又要有個「非用你不可」的老闆願意心甘情願、赴湯蹈火幫你處理工作簽證。接著再保佑工作簽證能夠順利核准不被政府機關用奇怪的理由擋下來，並祈禱簽證核可期間，政府的就業中心沒有找到能力與你匹配的法國本地人「強制」老闆雇用他們……就算這麼多方方面面、瑣碎的條件都很幸運地通過了，最後還要耐心等待幾個月後拿到簽證，才可以「正式」開始工作。

想到這裡，其實我算是把外國人求職碰壁的情況都經歷過了一遍，能在短短時間內做了那麼多的嘗試，試圖找出可以走下去的路，我幾乎也用盡了全部的力氣。我認為自己需要休息一下，好好思考如果無法順利在法國就業，下一步我該怎麼走。

浪子回臺沒搞頭

確定工作沒有著落後，在萬念俱灰的情緒之下，我回到了臺灣。這短短不到一年的時間，卻經歷了太多鳥事，鐵路等大眾運輸無預警罷工、緩慢無效率的辦事態度、對外國人的不友善，以及那最大最大的阻礙：語言隔閡，礙於自己的法文程度，始終感覺自己經常就像個局外邊緣人。

儘管生活過得還算自由，但那畢竟是靠家裡的資助，然而當我意識到，自己就像個無產值、整天消耗資源的廢人，這點實在是讓我無地自容，對我來說，25歲的年紀早該進入職場打拼了。我告訴自己，或許到法國的這段過程，就是人生的一個插曲，我已經達成出國留學的夢想，也體驗了人人嚮往的異國生活，該是時候重回原本的人生計畫，專心思考我的下一份工作了。

因此我返臺後，還是想從事餐飲相關產業，投過的履歷遍及各大餐廳飯店的中西餐學徒以及食品供應商的業務，為了不想讓面試官們被我的設計背景影響而感到混淆，我還在履歷略過臺科大的學歷，只放上了到法國學廚藝的經過，希望呈現出敝人一心一意只想從事餐飲工作的決心，可是這些履歷最後通通沒有下文……

然後我又開始動搖，考慮要不要放棄這條路，回到過去所學的設計產業。這時哥哥的一位朋友正好開了間店需要人手，並發揮他那超級業務員的三寸不爛之舌，半哄半騙之下我就被抓去幫忙了。

我老闆（哥哥的朋友）也並非餐飲專業出身，但因為工作的關係有機會接觸到一些餐飲業者，看著客戶們一個個開餐廳做生意，自己也想跳下來試試，便選擇加入實踐大學的學生餐廳。只是，當我一到店裡工作，才發現原來整間店其實只有聘僱我一個人，老闆本身還有正職還得去上班，空檔才會到店裡，

也就是說，接下來我必須掌管店裡大大小小的所有事務。

老闆一開始的想法很簡單，靠著人脈弄來某連鎖集團的牛肉麵調理包，在學校餐廳裡租個店面專賣牛肉麵就大功告成。沒想到學生根本不吃這套，那款調理包雖然品質不錯，但成本太高了，單價沒辦法壓低到學生可接受的範圍，被嫌太貴，一天根本賣不了幾碗，營運初期立刻就遭遇極大的虧損。

我一個人整天顧店沒生意乾領薪水，外表輕鬆其實內心非常消磨，身為店長卻等嘸人客實在感到慚愧。於是我開始回頭思考，或許是我們現在販售的品項太過單一，客人選擇有限，因此詢問老闆有沒有可能從供應商那邊調來其他調理包，他立刻拿了一本供應商的 DM 給我，說要哪個口味都可以幫我弄來試吃看看。

我挑了一些可搭配飯類的調理包，吃過後再選出幾個比較感覺不出像調理

包味道的樣品並請他去詢價。接著我們把新產品一一拍照，透過我的設計專長重新製作櫃位招牌、看板、菜單、DM及名片，顧客的選擇增加，櫃位的主視覺也變得較為專業（原本的是老闆自己用 Photoshop 畫的），整體感覺終於比較趨近於一家完整的店。

改頭換面之後，營業額確實有提升，上班也忙了起來，然而過了一段時間之後結算後的營業額還是不大理想。因為實踐大學的學生餐廳就位於繁榮的大直街旁，校門外就有一堆賣吃的，週遭的競爭相當激烈，類似的產品到處都是，學生餐廳毫無優勢可言，整家店只是從原本的慘賠變成小賠，而且還把自己累得半死……

用調理包供餐，感覺可以節省很多料理的時間，但事實上調理包的限制實在太多，只要客人一提出要求，就會遇到困難。譬如客人說：沙茶豬肉飯不要洋蔥，我必須得把沙茶豬肉調理包倒出來一根一根挑出裡面的洋蔥；或是客人

要求牛肉麵加湯，我只好再把調理包拿回廚房加點煮麵水，讓客人覺得液體有變多的感覺。

最令我最痛苦的是，我一個立志當廚師的人，竟然每天都賣給客人加熱調理包，那段時間我慚愧到都不敢跟別人說自己在幹什麼，時不時跟自己的內心打架，整個人變得非常迷惘，每天上班彷彿是行屍走肉。

在那時候，在因緣際會之下，我在網路上看到一間人氣法式小酒館，號稱主打法國傳統里昂菜，也就是位於臺北信義區巷弄裡的「塞子小酒館」（現已歇業，主廚已另起爐灶在大稻埕經營「Les Tables par Réel」），於是約了朋友們去嘗試看看，店裡吃到的菜色令我相當驚豔，除了口味地道，甚至比曾在里昂吃過的很多傳統菜餐廳更美味。

當時我當然不認識主廚（也就是後來跟我一起拍了影片的 Raven），想到

自己好歹也曾是去過里昂去追尋廚師夢的男人，此時此刻卻龜縮在學生餐廳裡賣調理包，根本稱不上是一位廚師，連當天同桌好友們問我近況，都支支吾吾刻意迴避答非所問，甚至轉移話題：「像這個沙拉上面放水波蛋旁邊還有雞肝，這是很傳統道地的法國料理。」因為心虛，席間我只好不斷跟他們吹噓我很清楚里昂菜的菜式，彷彿我有多麼了解這個法國的美食之都，然而實際上我卻對真正的里昂一知半解，只不過是去待了一段時間，略懂一些皮毛，卻連最基本的法文都講不好。想著想著，腦袋裡塞滿了愧疚與扼腕的心情。

忽然，我大學最要好的哥兒們問我：「你都不會想要自己開間餐廳，做出像這樣的菜嗎？」他的這個問題，讓我說不出話來。

當時的我，根本連最基礎的西餐都不會做，要怎麼端出厲害的餐點。雖然在網路上跟人家分享自己去法國學廚的經驗，但自己內心一直都知道，我連個真正的廚藝學校都沒上過，我都不知道自己到底在衝三小。

面對一連串對於自己的質疑、慚愧與不甘，腦海中醞釀了一個念頭，如果還可以，我想再回到法國學好廚藝。

再度喚回廚師夢

當了半年左右的調理包店長，學校準備迎接寒假，由於學生都不上課，所以學校店面通融寒假期間不收租金，我們也因此獲得喘息機會，能夠好好思考怎麼重整、重新定位這家搖搖欲墜的店。

利用過年期間的空檔，我們密集地嘗試研發新菜色並且做市場調查，發現我們店面隔壁的鄰居早餐店「金X美而美」生意好到爆炸，每天從一大早學生們就排隊不間斷，可見這種簡單低價的餐飲類型，似乎才符合學校這裡主要客群的胃口。

為此，我非常專注且認真地花了許多心思，研究時下年輕人的飲食習慣及

學生族群的習性，經過多次腦力激盪後，我決定做出一個大膽的實驗，給這家店最後一次機會——把原本的店砍掉重練，推出新品牌、新菜單。

因為考量到實踐大學的女生多，年輕女孩普遍較偏好一些輕食、簡餐類的料理，因此新的店就主打早午餐料理。在開發菜單時，特別把隔壁早餐店的品項研讀了一番，我希望店裡的每一道料理都是自家原創，不要跟其他競爭餐廳重覆，於是我們推出以歐姆蛋、熱壓吐司及日式蛋包飯為主的一系列新商品。

這些新菜色，都是我趁著寒假期間上網找製作歐姆蛋、正統日式半熟蛋包飯的教學影片，自己在家練了好一番功夫，並且還把新菜單所有要配合的供應商通通找齊。最後也將店面形象改造成活潑、年輕雅痞風格，讓整體的店面氣氛，讓學生族群更好親近、走進來用餐。前前後後、忙進忙出，也算是做了萬全的準備。

開學後果然不出我所料，重新開張，排隊人潮立刻湧現。學生們以為是新廠商進駐，紛紛被新菜單吸引。由於新菜單通通改成現做，執行的困難度大幅提升，但自由度卻高出許多，餐點從頭到尾都是可以自己掌握，也能配合顧客飲食需求做出調整，我開始覺得自己有了一點廚師的樣子。

營業額也比之前大幅成長，這家學生餐廳終於轉虧為盈，每天顧客絡繹不絕，好口碑不斷，店內也因此漸漸多聘僱了不少人，老闆更是開心得不得了，每天休息關店時，到店裡數錢都一副爽到不行的傲嬌樣。

人手充足以後，我訂立了明確的分工與SOP，讓團隊夥伴們各司其職，自己也不用再像之前每天釘死在店裡，開始有機會可以思考下一步該怎麼走。我也在想，這間親手打造出來的店算是小有成果了，不過往後的人生難道就是要繼續在那邊煎歐姆蛋、做蛋包飯、烤熱壓吐司嗎？

如果把這整間店改成模組化，並經營成連鎖店，可能會是一門不錯的生意，但這似乎與我真正想追求的事情背道而馳。或許是因為我曾經有過自己賣麵包做小生意的經驗，深刻體會過為了賺錢，而使做出來的食物失去靈魂的那種匱乏與厭惡感，更別說我從這次早午餐生意中體會到了充滿掙扎與僥倖的複雜心情，我發現自己真的不想再走上回頭路。

因此，我連上了谷哥大神，再一次輸入了那塵封已久的關鍵字「CAP Cuisine」，靠著曾經學過將近一年的淺薄法語程度加上法語字典APP的協助，我重新開始研究法國學廚藝的資料，並認真思考再次回到法國進修的可能性。

我修改了法文履歷與動機信，利用網路關鍵字找到不少廚藝學校的電子信箱，一間一間寫信去問，信件內容大致上就是敘述自己的年紀、工作經驗，並詢問看看他們願不願意收我這種背景及狀況的外國學生。

當時大概寄給了超過十間當地學校，卻只得到兩封回覆，第一間很有誠意地寫了落落長給我，大意是在指導我以一個外國人身分該怎麼在法國受訓，應該要具有什麼資格以及該怎麼申請，有幾種方法建議可以嘗試看看，以我當時有限的法文程度看得相當吃力，可以算是有看沒有懂，但是信中特別提到由於我年紀太大，他們學校不收，這點我倒是沒有弄錯。

第二間則是問我要不要幫忙找房，咦？幫忙找房？是代表要錄取我嗎？當下看到這封回信覺得心中燃起一股希望，但那時候我不敢直接問自己有沒有錄取，因為怕他們打電話給我面試，以我當時破爛的法語基礎，電話中可能連5％的內容都聽不懂，這樣做絕對會錯失良機的。

所以我技巧地回信詢問要如何繳學費以及需要他們幫忙找房，於是接下來就收到報名表、開課日期、訓練內容、課程費用、租屋資訊等各種詳細資料，還問我臺灣辦簽證需要哪些文件，他們都可以協助我幫忙準備，最後就這樣順

利但莫名其妙地被錄取了。

當我跟爸媽提起想再回到法國進修的想法時，他們的反應出乎我預料之外，本以為我這樣反覆往返法國，會引起一場家庭革命，沒想到他們都說願意資助我，還叮嚀我這次出去至少要拿到個什麼證照再回來，別像上次一樣兩手空空半途而廢。就這樣，在家人們的祝福與照顧下，我第二次踏上了那該死的國度。

Chapter 3

學徒的苦與蜜

帶著再度燃起的廚師夢，前往法國，
所幸遇上住宿好人家，努力上職訓課，
更神奇的是，各位觀眾，
我還在實習餐廳裡賣起控肉飯、三杯雞，
這荒唐又充實的 CAP 證照之旅，請繼續看下去。

一個月的語言大惡補

畢竟這次是第二次出發了，我帶著破釜沉舟的決心，立志要在法國待個幾年再回來。我清空了臺灣的帳戶，把過去累積的微薄積蓄通通換成歐元，在廚藝學校開學前，找到為期一個月的私人語言中心報名上課，挽救自己殘破不堪的法語能力。

此時我的目標相當清楚明瞭，大概是小當家參加特級廚師考試的那個階段，對於未來規畫已經有明確的輪廓：我要拿到法國的 CAP 廚師證照，成為正式的法國廚師，接著，在法國的餐廳工作。

重新站上那熟悉又陌生的土地，聽到身旁那快速沒有重音、令人摸不著頭

緒的怪腔怪調，聞到微刺鼻帶有濃烈陽剛風格的詭異古龍水味，一種似曾相似的懷念感頓時朝心頭襲來，伴隨著興奮與期待，我回到了那曾經的出發點——里昂。

到了里昂，首先開始了整整一個月的語言大惡補。我念的私人語言中心在當地算是新成立的語言學校，當初也只是在網路上無意中找到學校網站，經過一番比價後覺得收費挺合理的，才報名來上課。後來了解到校長曾在多所法語教學機構任職多年，看遍法國各個法語中心的運作，受不了許多為了賺錢不顧品質的學店，才會另謀出路創辦自己想要的教學中心。

校長的理念之一就是不使用特定教材，因此並不需要買書，老師會準備課程講義，並依學生們的學習狀況調整內容；同時校長會要求老師們每週都要開會交流每班的教學情形，以及每個學生的學習進度。整個學校的教職員團隊都非常年輕，老師們相當親切，上課既生動又有趣，搭配先進的投影機與音響設

備，人手一台 Ipad，靈活地結合線上資源來輔助教學，這樣的模式在八年前其實算得上是符合時代潮流了。

在這四週的語言學校課程，以及對比前一次來念那種大學附設大班制大鍋炒的教學型態，我深刻感受到一分錢一分貨的差別。儘管私人語言中心價格高出許多，但教職員工對學生們的用心程度，完全海放之前那間學校。

當初第一年在大學附設語言中心學法文時，老師根本不會主動鳥你，上課完就拍拍屁股閃人，從來不會特別關心每個人的學習狀況；而這次在私人語言中心，老師們對每位學生都有基本的認識，時不時會詢問每個人的學習狀況，就像學校老師都知道我是廚師，在一次學校辦的交換禮物活動上，我就收到了兩本食譜，真的太貼心。除了一般課程，學校還經常舉辦一些課外活動，協助我們這些外國學生探索里昂這座古老的城市。

這四週不僅學習狀況良好，心情也很愉悅，因為在這所學校上課的學生有80%是女性，有韓國（妹）、哥倫比亞（妹）、西班牙（妹）、巴西（妹）、澳洲（妹）、日本（妹）等（這麼多認識妹子的機會來了，握拳），所以能很輕易地認識來自世界各國的妹子，下課就可以約去酒吧夜店四處走走培養感情；甚至第一次走進學校辦公室，原本沒什麼問題都開始刻意生出很多問題、製造對話機會，那是因為……職員也好正啊！

一個月很快地就在認識新朋友、見見舊朋友，以及沒啥壓力的語言課程之下開心度過了。

遇到好人家的寄宿家庭生活

由於只會在里昂待一個月，因此藉由語言學校的安排，入住寄宿家庭。這是我第一次住在法國人家裡，老爸 Patrick 是建築師，媽媽 Valerie 是美容師，兩人育有一子 Côme 正在上小學，公寓裡還有一位 Valerie 的閨密 Marie 與他們同住。回想起之前第一次到法國，將近一年時間住在宿舍，雖然會接觸來自世界各地的室友，但也只是一起聊天打屁，並不真的走進對方的生活，因此再想到現在是真真實實地要和法國人一起生活，其實我真的非常期待。

雖然事前收到寄宿家庭 email，已先告知他們當天不在家，但我是當天依照地址抵達寄宿家庭，看到開門的是一對老夫妻時，當下先一陣疑惑才恍然想起 email 寫了什麼，原來眼前的兩位就是 Patrick 的岳父岳母。我硬生生地擠出

有限的法語詞彙，明明說得無比落漆，卻見兩位老人家卻一臉鬆了口氣似的，招呼我進門一邊說：「原來不用跟你講其他語言，不然我們都很緊張啊！」他們很快地帶我參觀（交代）這屋子裡的空間：「你的房間在這邊，還有廁所、廚房、洗衣機……，然後冰箱裡面那一層是你的東西。」兩人短暫停留不到一小時就離開了。於是我就一個人住進在里昂老城區的大公寓，這意料之外的體驗簡直是天外飛來的幸運！

我的寄宿家庭之前經常接待外國學生，所以對於與法文不好的外國人互動，看來是已習以為常。我從抵達的第一天就盡可能地跟他們講法文，他們也頗訝異我有辦法完全用法文溝通，還說我是他們有史以來接待過法語程度最好的寄宿學生（好奇之前其他人法文是有多爛），讓他們不用煩惱要跟我講英文，畢竟他們英文實在也蠻爛的，大概就是在法國很常見自以為在講英文的超重法國腔，講出來只有法國人自己聽得懂的那種程度。

我們相處相當融洽，他們也經常帶我一起參加他們的活動，像是寄宿的第一個週末，Patrick就帶我和他兒子去郊外打高爾夫球。很難想像高爾夫球場的建築是一座金黃石材砌築而成的城堡，和臺灣的高爾夫球場完全不一樣。我也去過Patrick山上祖傳的小木屋，就像明信片上常見的法國鄉下老房子，有個小閣樓，木屋旁邊有個空地可以自己種菜，番茄、生菜等。小小的菜園其實也是法國人生活的寫照，因為法國人對食材的觀念就是都種自己吃的或當地產的，不一定是貴的但寧可是好的。有次Patrick採摘一顆番茄回去拌成沙拉，我發誓那是我人生有印象中，吃過最好吃的番茄。

Patrick除了很會喇低賽，也很喜歡下廚，加上他知道我此行是要來學習當廚師的，有次他在家就煮了一道白醬燉小牛肉（Blanquette de veau），華麗的排場讓我以為他是要大顯身手，但其實這是法國非常經典的傳統鄉村菜，普遍的程度就像我們臺灣人會在家裡自己滷肉燥一樣；還有一次他去打獵，帶了一隻綠頭鴨回來，當場示範如何把鴨子的菲力那塊肉（鴨胸）取下來，這真的是

「活生生」的廚藝教室啊！除了 Patrick 如此親切之外，我還有與 Valerie 週日下午一起準備 Brunch，她還教我認識他們偏愛的幾種乳酪以及臘肉，Marie 也經常有空時就會教我一些法文。

禮尚往來是待人接物的基本道理（忽然覺得這說法真是老派），我當然也沒有白白浪費自己的真本事，所以我也曾為他們煮了一頓晚餐，一些臺灣家常菜搭配他們挑選的葡萄酒，邀請他們的好友來作客，從晚上八點吃到深夜賓主盡歡，也讓我體驗到真正法國人的日常。儘管只有短短四週的相處時光卻相當令我難忘，往後我也持續與 Patrick 一家保持聯絡，後來變成相當好的朋友，也一直都對我非常照顧。在這個惡補法文的時間還能體驗一回法國人的生活，實在是一次難能可貴的機會啊。

非法籍一號生

結束語言學校的課程後，我搬家來到了廚藝學校所在地——艾克斯萊班（Aix Les-Bains），這是距離里昂一個多小時車程的一個渡假小鎮，有賭場、溫泉還有法國境內最大的內陸湖——布爾杰湖（Lac du Bourget），然後……沒了。

從里昂這座繁榮喧囂的城市搬到小鎮，我感受最深刻的是整個環境機能的落差真的很大，里昂有地鐵、輕軌、公共腳踏車，交通網絡發達，但這裡只有公車，而且末班車是晚上八點，假日還減班，行動變得超級不自如，因此基本上若沒有自己的交通工具，幾乎寸步難行。兩者的城市規模也完全無法相提並論，里昂貴為法國第二大城，商店、餐廳、酒吧、夜店、各種公共設施及娛樂

場所應有盡有，人口組成來自世界各地，又是重要的交通樞紐，生活可謂非常多元。

反觀艾克斯萊班只是一個法國人夏天會來湖邊渡假的小鎮，平時冷冷清清，在旅遊旺季才會有不少商業活動營業；人口組成趨近兩極化，不是退休老人，就是還在上學的小孩，青壯年人口相對少，而且幾乎沒有外國人，更不要說像我這種亞洲人，走在路上還經常會成為被別人行注目禮的焦點。

待過里昂發達的大城市，再對比到寧靜小鎮，既沒朋友又沒資源，身邊的聲音都安靜了下來，就算有好山好水無窮美景，現實卻是真的好無聊，久久無法適應。

但是這股無聊的感受並沒有持續太久，因為在課程開始之後，真正的痛苦正式來襲。我申請的這個廚藝學校，與其說是學校，應該要稱它是職訓中心

（centre de formation），因為並沒有實際的校區所以是由職訓中心向旅館業主租借場地進行培訓，在旅館裡面上課，而距離培訓地點數公里外則有一間職訓中心辦公室。我竟然是這個職訓中心第一個招收的非法籍人士，也就意味著他們之前從來沒有遇到對法語有困難的學生……

第一週過去，只能說這一切根本就是鴨子聽雷，法國人光是一般的講話語速對我來說就太快，課上了半天我幾乎不懂老師在供瞎毀，看著同學們有說有笑地討論著課堂上的內容，而自己卻還在一旁摸不著頭緒，儘管已經全神貫注，但依然跟不上，瞬間有種好想回家的感覺……

到職訓中心後每天下課都感到筋疲力盡，身體累外加精神疲勞，還得預習隔天的上課內容，不然到時候又會嚴重落後，不只一次覺得自己好不自量力，幹嘛來念這種全法文上課的課程，當初去那種專收外國人、以英語授課的學校不就好了？後來我反思這段過程，發現當初對於自己的語言能力自信過了頭，

才會申請這種專門給當地人來念的職業訓練中心，甚至是想要為了證明自己會法文，並帶有跟人家炫耀的心態，為了展現自己厲害的一面，然而事實上根本超出能力所及。

所幸的是那年（大約 2015 ～ 2016 年）剛好學生很少，算是這間職訓中心過去以來招收最少人數的一屆，包含我總共四人（據秘書說法是少於四人就不開班了）。因此老師知道我的狀況，也常會特別問我有沒有聽懂、有沒有問題，同學也都對我這唯一的東方人蠻照顧的，然而因為語言程度還是有一定的障礙，所以課程對我來說還是相當艱辛。

CAP 課程結束後還要參加全國考試，因此除了實作課，理論課亦占相當大的比例，實作課相對不算太難，畢竟看看同學怎麼做、讀讀食譜、比手畫腳問問 Chef，加上一些原本就有的料理基本常識，勉強過得去。

但是理論課就真的整個挫勒等，包含專業餐飲守則、職業衛生規範那些哩哩叩叩，比如有些清潔劑的專有名詞、打掃的步驟等，原本不是什麼太艱深的內容，但是換成法文版本難度立刻乘以十倍！試想用法語解釋HACCP[1]，用法語寫出安排製作兩道菜的流程，用法語講解細菌、病毒、黴菌的生存環境以及各種危害等，法國人秒懂的東西我要多花幾十倍的時間才能夠了解（因為要加上查字典的時間）。

我在課堂上永遠處於落後狀態，外加法國人寫的法文板書都是草寫，明明都是ABCD羅馬字母的組成，寫成書寫體就幾乎完全看不懂，經常要請Chef一個字母一個字母念給我聽，就連這樣基本的認字都成為一種折磨……

想起課堂上的挫折，其實每次打電話回家說著說著都差點要哭出來，但我必須得強忍住男兒淚，只能微微跟爸媽訴說虛弱無助、看不到未來的絕望感。愈是輕描淡寫，心裡的擔憂與焦慮就愈難壓抑，一直有這樣的聲音伴隨著複雜

---

1. 食品安全管制系統（Hazard Analysis and Critical Control Point, HACCP），是一種以科學為依據，可以保證加工系統流程的食品安全的系統。

的情緒：「怎麼可能通過考試？語言程度根本就不夠，每天上課都覺得自己像個智障完全跟不上進度，每件課堂上的事情都後知後覺幾乎搞不清楚狀況。」

我陷入慌亂的情緒，找不到語言困境的解法，卻也無法視而不見。找不到解法可能還不打緊，但最慘的是下課後也沒人可以排解我的情緒。我在艾克斯萊班根本沒朋友，甚至害怕社交，也因為語言不好而慚愧。班上同學儘管課堂上照顧我，但畢竟跟我並非同一世代的人，全班只有我年紀比Chef小，再來就是一個已經有老婆小孩的40歲摩洛哥大叔，甚至年紀最大的同學都當阿嬤了，她的孩子還比我年長，大家放學後就各自回家，不大可能課後約出去聊天。

但是，這看似陷入泥淖的情況卻出現了轉折。離開里昂一個多月，有天突然接到Home爸Patrick的來電，問我過得如何，我說：「很慘啊，上課都聽不懂，下課又沒朋友，過得悽慘又痛苦，放學只能窩在家像個廢物，法文程度又跟不上……」我跟Patrick抱怨一堆現在的情況跟語言學校根本天差地遠。

電話中，Patrick對我聊起他的近況，我離開後，他和Valerie分手了，搬離了原本住的地方，另外找了一間公寓，兒子輪流住爸媽家。他有感而發地慨嘆，我們不約而同地遇到人生的大轉折，不過這些心裡話剛好難得有個人互相傾吐傾吐。掛上電話的當下，我突然意識到——靠！我竟然用法文講電話講了十多分鐘！要知道身為外國人在法國最痛苦的事情之一就是——跟法國人講電話！每當手機接到來電都是一副如臨大敵、戰戰兢兢般的惶恐，既講不通又聽不懂，無非是一種折磨，而我竟然第一次可以透過電話喇了好一番滴賽，看來這樣每天疲勞轟炸之下還是有點成效。這個突如其來的發現讓我找回一些信心，原來這段時間的折磨其實沒有白費。我想了想，或許這是個重新調整心情再出發的機會。

職訓班的同學中與我交情比較要好的，是位沒有家室的47歲法國大叔，他的英文很不錯，常常在我上課聽不懂時，用英文解釋讓我了解，也經常教我一些實用的法文單字，有時候還會開車載我去買一些上課要用的東西。他對我的

照顧是出自於同理心，因為他曾在瑞士德語區生活工作過，知道外國人在異地生活的障礙。

當然我也是個知恩圖報（義氣相挺）的人，在實作課時也會想辦法罩他。主要因為法國大叔有隻腳是義肢不良於行，動作比較慢，又經常忘東忘西，因此我常會偷偷幫他關火，注意食材的熟度等，避免他又出差錯把東西燒焦，或搞得爐台上一團亂被 Chef 訐譙。

法國大叔偶爾還是會找我出去喝一杯，也告訴我有任何需要都不用客氣，跟他講就對了。他真的很照顧我，但當時礙於語言隔閡，我還是很難真正把他當成聊天的對象，只能繼續逼著自己獨自痛苦地面對這場頭已經洗下去不能喊停的戰役。

CAP證照難度見真章

老實說其實CAP考試內容本身並不難，對一般法國人而言就是一個基本的高職學歷的職業能力證明，全名為Certificat d'Aptitude Professionnelle，主要是給那些未成年中學生考的，各種跟技術相關的行業都有相對應的CAP考試，有點像臺灣的丙級技術士證照，是非常基礎的程度。

不過CAP一年只有考一次，而且所有類型、行業的專長考試都是全國統一一起考，因此每年六月就是學生們的考試季，內容除了考專業項目還要考一般科目。一般科目包含法語、英語、科學（數學物理化學）以及人文（歷史地理），專業項目除了實作還會有筆試和面試，範圍相當全面，因此對法語程度不夠的外國人來說難度非常高。

而我們的受訓項目是Cuisine料理，也就是廚師考試。一般來說，餐飲高職生都是學校受訓兩年才參加考試，兩年當中絕大多數的時間都是在餐廳裡面當實習生，大約是三週工作加上一週上課這種產學合作的模式，薪水則是按照政府規定支付。不過我們的職訓中心主要針對成人，因此將訓練縮短為一年，課程內容大大濃縮，學校課程占了大部分比例，實習只有三次，每次各三週，因此實習整整需要達到九週的時間。

我們學的都是很基本傳統的法國菜以及甜點（是的，因為考試會考甜點），沒有什麼太過炫麗像電視上或電影裡演的那種假掰菜餚。Chef教學的方針主要是在幫我們打基礎，好讓我們之後去工作能夠融入團隊，並且順利通過考試。所以課程安排是依照考試範圍內要求的各種必備技能來規畫，原則上每一週都會做四道菜，各種前菜、主菜、甜點都會被安排在一週的課堂中，Chef也會依照當天食譜來指導及示範必要技巧，等到週五的時候，Chef就會從每人做的四道菜裡抽出兩道來評量。

一開始感到衝擊的就是得按表操課，所有食材都須依照食譜上的份量精確秤量，並且按照食譜上描述的步驟如法炮製，一步一步來，對我這種過去都是靠感覺做菜的人來說相當礙手礙腳，而且同時還得跟隊友兩兩一組協力製作，必須用我破破的法語再加上比手畫腳溝通，努力聽懂他們在供瞎毀。

此外每種材料都還有特定的處理步驟及方法，不像在家裡愛怎樣做就怎麼做，因為這些都是考試評分的依據，例如洗菜就有洗菜的步驟，煮馬鈴薯就有馬鈴薯對應的方法，不依照規定，考試時就會被扣分。Chef常在課堂上強調，這不是在家裡做菜，是以邁向專業為目標，很多家中廚房的習慣並不適用在專業廚房。因此在上這些課程時，不禁意識到自己過去以興趣累積起來的那套手路，原來距離職業等級還有一大段差距，後來才發現，原來那些自以為的廚藝基礎是如此薄弱。

「找一個容器放在桌面上，當作你的垃圾桶。」就這麼簡單看似平常的規

則，卻是讓我印象最深刻的一件事，這是我第一件馬上要學會的事情，而且根本算不上是廚藝。就專業的角度來看，這是一個非常重要的動作，在所有開始料理之前，肯定要先找到個容器來放置備料過程中產生的垃圾，比如削掉的果皮就要馬上丟進垃圾桶。

但坦白說，這個簡單的步驟我以前從沒想過，實際進入真正的學校職業訓練，對我而言不只是學習廚藝，也讓我理解料理的觀念與習慣，從頭到腳有系統地灌輸廚師的專業訓練，所有步驟都要按部就班一步一步來，包括服裝要穿得正確，廚師帽要戴著，又比如課程之前要先去點火，烤箱打開要預熱，種種重要的動作與行為，就是在你正式開始做菜之前，就必須先完成所謂前置準備的步驟流程。

前置作業準備完成後，接著開始學做料理。課堂用的食譜並沒有圖片，是相當制式化的「規格說明書」（fiche technique）技術手冊，用字相當專業難懂，

描述中使用大量的餐飲專用單字，連我那些在地人同學要讀懂都困難重重，何況是我這個老外！

因此，在做菜的過程中，往往不到最後一刻是無法想像這道菜會長怎樣的，甚至，原本一道簡單的菜色經過了這些技術性要求的過程，難度頓時提升不少。此外，菜名也是讓人頭痛經常搞混的一門學問，比如剛開始上課教做了三道蔬菜為底的濃湯，明明作法、步驟、材料大同小異，名稱卻完全不同，有的是以古代某個伯爵或君王命名，有的又是以某個歷史故事為名，名稱裡面完全看不到「湯」這個字，頓時聯想起原來我們中式料理也是這樣啊，醃篤鮮、佛跳牆、獅子頭、螞蟻上樹……這類菜名根本就是要搞死外國人嘛！

這就是我扎實的職業訓練生活，從前置準備的習慣養成，到後面的基本菜練習，每一步穩扎穩打，也讓朝向專業的目標更加清晰。

滑雪勝地初實習

上課一段時間後，我踏上了第一次實習，地點是在阿爾杜維茲（Alpe d'Huez），法國相當知名的滑雪勝地，透過學校的媒合，我去到一間當地的小旅館，包吃包住不支薪，旅館餐廳是主要針對投宿旅客的小規模廚房。

我報到時滑雪季也才剛開始，客人並不多，因此廚房不算忙碌，但卻是我第一次真正進入專業廚房工作。學校教的、書上看到的，在這裡都實際運用到，比如一進廚房就得用專門的洗手台洗手，使用完廚房得用灑水器噴泡沫、刷地板再把水刮乾，冰箱如何明確分類、擺放不同材料。跟我以前在臺灣自己亂搞的餐飲經驗根本天差地遠，每個環節都得遵守一定規則，想當然爾，這讓我工作起來戰戰兢兢，動作也相當遲鈍，因為隨時都在思考該做什麼、該怎麼做，

深怕自己扯人家後腿。

第一天進到廚房的第一份工作是洗沙拉，其實就是一個超級簡單、應該能夠輕鬆應付的工作。我思考著：「終於來到法國人的廚房工作，我要做好，慢慢沖水，把菜洗得很乾淨。」雖然戰戰兢兢，但所幸餐廳Chef人超好、非常和藹可親，是完全不會生氣那種好脾氣的人，只會開玩笑講屁話，他知道我法文不好，還很有耐心跟我說明。我也把握機會就問他一堆法文單字、文法、片語之類的問題，因為我感受到要融入團隊並有效地參與運作，語言是我最大的障礙，結果Chef常揶揄我：「你根本是來學法文不是學做菜的！」

另一位很年輕、年僅19歲的女同事，動作超迅速，感覺就是已經在餐廳打滾多年的老屁股，個性大方開朗又活潑，只是講話超快，絕大多數她講的東西我都聽不懂，而且動作有點粗魯，還很愛逗我這個每次都一知半解的阿兜仔，看我動作慢吞吞、做事小心翼翼就嗆我娘娘腔，而我也不甘示弱叫她男人婆。

在法國，人家都叫我 chouchou（剛好我護照中文是周，拼法是 chou），用法文發音就是「咻咻」，這疊字的意思大概就是一般會聽到爸媽叫自己孩子「可愛的寶貝」時，或情侶之間叫「寶貝」時（懂吧）；這種疊字在法文同義的還有「loulou」，也是愛人會互相叫彼此的用法。那位女生的名字叫做 Ludovine，大家都叫她外號 Lu，因為她也跟著大家叫我 chouchou，所以我就叫她 Lulu，字義上看起來我們是寶貝，但不是你們以為的那種關係（寶貝對不起，不是不愛你……好可以卡歌了）。

雖然這裡我用比較趣味性的方式介紹我的同事們，但回過頭來還是要認真說一下，在專業廚房裡有一件非常重要的事情，就是要找到對的東西。我記得當時廚房裡看見 Lulu 工作的狀態，那是一種流暢又快速的感覺，讓我感到自慚形穢。一個年輕妹妹在廚房裡比我這個耳背大叔還要好使喚、有貢獻得多了，我連操作洗碗機的速度都沒她快，感覺自己超廢，有時候 Chef 要我幫他找一個東西，光是單字我就不知道是什麼了，所以理解是第一關，然後還要再去適應、

記住每樣物品放的位置。

儘管那時候的客人不多，在 service 的時候我還是幫不太上忙，只能在旁邊看，完全就是個可有可無的雜魚。第一次的廚房工作經歷稱不上有什麼壓力，可是慚愧的部分多了些。

然而滑雪站工作的好處就是可以去滑雪，飯店有合作的雪具店，因此員工租裝備都不用錢，不過雪場門票還是要錢就是了。這種國際知名的雪場果然價格也是國際級，一天的門票竟然就要價五十歐元，但實際去滑過會覺得算值得，Alpe d'Huez 整個雪場連結五座山頭，破百條雪道，一天根本滑不完，有機會花三個禮拜慢慢體驗，也算是蠻爽的。

短短三週的實習很快就來到尾聲，回到學校再次接受常規課程的疲勞轟炸。儘管經過正式廚房小小的磨練，對於廚房會用到的法語有些進步，但若要充分

了解老師上課在講什麼依然非常艱辛，每天下課還是感到相當絕望，「為什麼自己都聽不懂，這樣考試該怎麼考，怎麼可能通過考試」等等充滿一堆生無可戀的念頭。

當時由於語言的障礙，甚至造成自己社交恐懼，想去認識人但又害怕聽不懂，因此不敢踏出那一步，放學就把自己關在那小小的出租套房，看看電視不然就窩在電腦前打發時間。儘管電視有看沒有懂，還是試圖靠著電視學一點法文。我很喜歡那時在France Ô台播出的一系列喜劇影集H，講述法國醫院裡的各種趣事，很搞笑很歡樂，陪我度過好幾個寂寞夜晚。

此外我也上網找到一些法文教學的影片，有個叫Johan的傢伙在Youtube開了個頻道Français Authentique，講話語速正好符合我的法文程度（一般法國人講話都超級快，很難聽得懂），而且也講述了很多學習外語的訣竅。

Johan曾在影片中提到，要自然地學好一種語言，就必須大量聽，直到語感烙印在腦袋中，這個概念如同父母在教小嬰兒講話，就是不斷地跟他說話，他就會自然而然講父母的語言，而非像一般學校照本宣科要寫作業、讀書考試，那種短期記憶其實都維持不久。他的理論或許不一定真的對，但無論如何我就是信了，因此有事沒事就會打開他的頻道放著聽，就算聽不懂也沒有關係，有時或許沒有很認真專注去看影片，但久而久之，在耳濡目染、潛移默化的接觸下，多少也會有點幫助。

酒館裡的焢肉飯

第二次實習我找了 Aix-les-bains 本地的餐廳，那是間生意很好的小酒館，就位在市中心的餐廳一條街上，簽約時才發現原來老闆除了同時擁有街上這間小酒館及正對面的酒吧，隔壁那條大馬路上全鎮最著名的賭場裡面附設的餐廳也是他旗下事業之一。因此他們安排我兩週在小酒館、一週去賭場實習，由於賭場規定較嚴格，秘書還要我寫一份自我表明無犯罪紀錄證明，相當慎重。

由於我想排解苦悶的課後人生，同時趁早累積更多實戰經驗，因此這次早早就跟餐廳 Chef 打過照面，問他能不能提前開始我的實習，利用我課餘時間先來適應環境。他當然說好啊！這種要求有哪個餐廳會不要？多一個免費員工來幫忙根本賺到，因此我在正式實習兩週前，就開始每天下課過去報到。

第一天實習，Chef 就挖了一個大坑給我跳，他跟每個客人介紹「這是我們臺灣來的實習生」，讓我簡直就像結婚新人逐桌敬酒似的，每個人都乾上一杯當地特產的藥草酒 Génépi（是一種蒿類植物釀的酒，喝起來有點像高粱）。雖然我很不會喝酒，可是就覺得體驗這樣的文化很好玩，乾來乾去吼搭啦的下場悽慘無比，三更半夜肚子超痛，痛到從床上連滾帶爬到廁所嘔吐，折騰了一整晚。從那次之後，我對 Génépi 一直有種又愛又恨的感覺，聞到那個味道會怕怕的，但卻會讓我想到那段美好有趣的回憶。

有一天跟 Chef 閒來無事聊到臺灣料裡，大致跟他描述一些滷肉、熱炒之類在臺灣很常見的菜色，雖然依照我的口語程度不至於說得口沫橫飛，說菜倒是說得挺有娛樂效果，我還說出如果他想試試的話，用餐廳現有的一些材料就可以變（搞）出來，卻萬萬沒想到接下來就聽到他說：「那麼下週四中午的特餐（plat du jour）就交給你了！」

登楞！當下我眼神呆滯地傻住了五秒，「Chef要我做臺灣特色菜作為當日特餐」這令人驚嚇的一句話瞬間凝結了當下的空氣。

「那，要不要先做給你吃吃看？」還沒從Shock中回神過來，我提高明顯到不行的訝異聲調試探問他。「沒關係，對你有信心！」Chef竟然這麼說。

我立刻OS：靠！傻小！

就這樣抱持著有點興奮又緊張的心情回家開始左思右想，還打電話給在臺灣的媽媽討論做什麼菜才好。既然要有臺灣特色就要能代表臺灣，原本是想到「東坡肉」，但一方面怕法國人覺得肥肉多，又想到綁線、拆線的做法十分麻煩，那就選擇可以把步驟簡化又保有特色的料理——焢肉。

我的計畫是：前菜做涼拌土豆絲，因為馬鈴薯在法國人餐桌上幾乎天天出現，但是沒有把馬鈴薯汆燙後炒成脆脆口感的作法，於是跟Chef描述要做一種

切絲後汆燙的馬鈴薯沙拉（salade de pomme de terre）；接著主菜當然就是焢肉（poitrine braisé à la sauce de soja），剛好可以搭配店裡原本就有的配菜——炒飯（酷吧！菜單上原本就有炒飯了）。至於甜點嘛……我很坦誠說出實在沒什麼想法，因為想來想去都是愛玉、仙草或剉冰之類的甜品，材料在這裡都不好買到，我也不想用果凍的口感替代，因此不太可行。討論過後，Chef就說甜點交給他來處理，然後要我大致抓25人份，算一算告訴他需要的材料和數量。

隔天一到店裡我的臺灣特餐前導大戲就正式開拍（工）了，首先要處理豬五花，法國這裡的五花肉（Poitrine de porc）通常都會帶骨，得要用去骨刀先一根根把骨頭挑出來，去完骨後再一片片分切成適當厚度，接著用竹籤定型，少許橄欖油煸過……其實光這幾個步驟就花掉好多時間力氣。接著要炒焦糖備著，白蘿蔔、白煮蛋和調味料通通放進去加水一起滷，於是一鍋焢肉、滷蛋、滷蘿蔔就準備就緒了。人客啊！我這輩子從來沒有準備這麼大量的焢肉，以前在家裡頂多滷一鍋就夠一家人吃好幾天了。

再來還有前菜的馬鈴薯絲要切，有下廚經驗的人應該都知道切絲是一件多麼花時間的功夫，一個人切到都快要下班了，旁邊法國妞同事看不下去還伸出援手來幫忙，最後才勉強趕在店關門前搞定。

「明天ＯＫ？」下班時 Chef 關心了一下。「Oui Chef !」我當然給出超級肯定句。

然後他就把我標註在他臉書訊息上，公布明天餐廳要提供臺灣菜。真的到了提槍上陣如臨沙場這一天，老實說緊張到不行。當天客人可能是受到中文字手寫菜單的吸引，還有 FB 宣傳的影響，幾乎都是點今日的臺灣特餐，接到第一張單時手超抖，如果不合他們口味就砸了這家店的招牌還有 Chef 的名聲……我一邊惶恐不安一邊還是得開始準備出菜。

出菜的過程中，斷斷續續聽到服務生來咬耳朵說客人很滿意，頓時感到放心了不少，這期間也有少數客人不是點特餐，Chef這時就回到廚房處理那幾張單。看到準備中的鴨肝及焢肉一起出現在砧板上，還真是一個充滿臺式與法式食材強烈對比的有趣畫面。

時間一分一秒過去，就在service即將結束前，突然有位客人跑進廚房跟我說聲：「Bravo !」又過了一會兒，Chef叫我過去，原來是有組客人想看看今天誰在廚房掌廚，見到我後又說了：「Bravo !」接二連三聽到有人給予「從沒吃過這樣的料理」、「相當驚艷」、「太好吃了」等讚賞，還有人叫Chef一定要把我這個實習生留下來，一個晚上聽到這麼多人好評，真的頗爽der！

最後Chef叫我也弄一份今天的特餐給他吃，一邊喝著Génépi一邊說他很久沒有在自己的餐廳吃飯了，但今天特別想吃吃我做的，因為客人似乎都很滿意（明明就是《深夜食堂》的畫面有沒有）。其實中式料理對法國人而言是相

當神秘的，因為他們很難想像不用奶油、鮮奶油要怎麼做菜，而且法國人普遍對中國餐館有個刻板印象，就是便宜、油炸又不健康的食物。

會有這樣的印象，也不能怪他們，因為確實在法國有為數不少標榜中國菜的餐廳就是這樣搞，重油重口味，用的食材又糟糕，通常不是越南人就是中國人開的。法國人也分不清中式、日式、泰式、韓式、越式的差異，他們所認知的亞洲料理，就是那些會出現在招牌上有亞洲文字餐廳裡的食物，不外乎壽司、春捲、咖哩、炒飯、炒麵、餃子等。也常聽聞法國廚師在菜餚裡若用到醬油、薑、香茅、椰奶等某些特定元素，就會號稱是亞洲風味的菜色。然而實際身在亞洲生活，應該不會看到類似的作法，或許從飲食的角度，就能夠觀察出不同文化之間互相的誤解與想像吧！

就在Chef悠閒地吃完焢肉飯，配了一瓶啤酒之後，滿意地告訴我：「下週四再交給你來弄一次臺灣特餐吧！」

難忘的三悲雞

初出茅廬就把焢肉飯搞得像 fine dining，當天整個晚上沉浸在滿堂喝采的成就感（差點爆棚），最後總算冷靜下來，提醒自己開心一個晚上就好。回家後立刻開始思考下週要推出什麼臺灣菜，當然不免俗還是打電話回家跟阿母討教一番，阮阿母一直慫恿我做獅子頭，但有鑑於上次煮焢肉飯，光是處理那些不算太麻煩的工序都已經快把我累死，畢竟不是自己的廚房，很多地方操作起來綁手綁腳，而且同時還有其他工作要做，更何況是步驟更複雜的獅子頭，所以早在心裡就默默決定要做一個比較簡單又好準備的料理就好，這麼一想，腦海裡就像反射性動作一樣，馬上浮現三杯雞的念頭。

每當被問起自己的拿手好菜，我都不假思索脫口而出的第一道絕對是三杯

雞，而後才是麻婆豆腐、客家小炒、沙茶牛肉。其實這道菜來自孩提時的記憶，阮阿母先用麻油乾煎薑片，直到薑表面略帶金黃、體積壓縮，香氣精華融入麻油之中，再下雞肉煸炒上色，淋上醬油燒煮入味，最後加入大把九層塔葉，那撲鼻而來的香氣，是把少不更事的我從外面玩耍抓回家最有效的誘餌，因此，家常、回憶的滋味引領我定下了這次主軸。

不過若只有主菜三杯雞，以法國人的習慣一定拿來配麵包，為了避免這種詭異的事情發生，我決定師法《中華一番》裡面紹安逃不出阿貝師傅手掌心的那道麻婆豆腐燴麵，讓麵條吸收三杯雞的湯汁，不浪費一滴精華通通進到老法的嘴裡。

至於前菜，我想挑戰他們的接受度，用法國餐桌上很少見的內臟——牛心，搭配一些蔬菜，做成與沙拉概念類似的涼拌牛心。雖然我語言程度還無法解釋到讓 Chef 充分了解我到底葫蘆裡賣什麼藥，不過從他聽到醬油可以配羅勒（因

為這裡比較難找到九層塔）先是瞠目，還有牛心竟然可以燙一下就吃又是結舌，看起來似乎還蠻期待我會變出什麼戲法。

臺灣菜登場的前一晚，我先將各種蔬菜和辛香料以及吸湯汁用的麵條準備起來，麵條用的是義大利麵，要先預煮好沖冷水後放冰箱保存，根莖類蔬菜稍作醃漬，蔥、薑、蒜、辣椒切末。

準備的過程中，Chef還煞有其事地唬爛我，他明天要叫米其林評鑑（Guide Michelin）的人來吃我的特餐，叫我要好好表現，對面的光頭酒保（老闆在對面有開一間酒吧）也跑來敲邊鼓，兩人一搭一唱地暗示明天有米其林的人要來，叫我小心一點，不要害了大家……這些人，超靠北！只不過比起焢肉初登場的手忙腳亂，就算沒有經驗老到、老神在在至少也應該可以駕輕就熟，哪知道準備三杯雞食材的過程狀況連連！真的是三！悲！雞！

先是盤點時發現很重要的牛心竟然沒送來，Chef卻很肯定他有看到，還帶著我一起到冷藏室抓起了一包「牛尾」……我才恍然大悟，是發音的問題，牛尾叫做queue de boeuf（科的ㄅ腐），牛心叫做cœur de boeuf（科兒的ㄅ腐），念起來很像，我發音不精準，導致Chef聽錯跟肉商叫貨叫了牛尾。但我記得那時明明有跟他比出愛心的形狀放在胸前，說要煮牛的心臟啊！還是在法國愛心不是那樣比？

好在我立刻想到其他辦法，因為店裡本來就有一道Chef自創招牌菜，是用現切生牛肉拌上芥末籽醬、花生、堅果油等等，再刨上一堆起士絲，並加上幾塊自製黃芥末口味棉花糖，於是我就把念頭轉向那塊品質超好生食專用牛肉上，把原本的涼拌牛心改成涼拌牛肉，解決了這小小的難題。

不過，問題還沒結束。常言道「人那衰，種瓠仔生菜瓜」，我真的親身應驗禍不單行這個成語。在找三杯雞要使用的羅勒時，才發現手邊只有一小把，

份量明顯不足，比對一下送貨單才看到竟然只有叫100g，要價卻高達9.99€（歐元），超級扯！後來Chef解釋叫菜時，以為9.99€是1kg，沒想到只有100g，由於不是產季，所以這個季節市場上幾乎沒有羅勒。

幸好Chef幫忙問到了亞洲進口的九層塔，而且是直到開始營業前15分鐘才送來，九層塔的處理得一片片把葉子摘下，眼看著時間緊迫深怕來不及，我還斗膽請Chef過來一起幫忙剝九層塔葉！

搞定缺肉少菜的突發狀況後，卻也沒有否極泰來。先說擺盤向來不是我的強項，硬生生急中生智把前菜用涼拌牛肉來替代，這麼一來擺來擺去怎麼看都不像樣，登不了大雅之堂。這時多虧我那身兼數職三頭六臂洗碗工二廚甜點師聒噪正妹同事挺身而出，發揮她過人的藝術天分，將原本毫不起眼的一盤牛肉妝點得秀色可餐，質感瞬間提升10€，也很大方地自告奮勇能夠幫忙出這道菜，她超級給力的協助，讓這次的套餐加了不少分，可謂臺灣之友。

由於每一份三杯雞都是從頭現炒，並不是預先煮起來加熱，所以要完成每張單都會需要比較久的時間。或許手寫中文對來用餐的客人似乎有種奇妙的魔力，他們也不管到底送上來的菜會長怎樣，點下去就對了，所以單一下子同時進來，還差點挺不住，卡單卡得讓我猶如熱鍋上的螞蟻。

還好費了這麼大工夫、手忙腳亂之中一一解決各種問題後，又再一次迎來好結果。所幸這次的三杯雞特餐賣得比上次焢肉飯還要好，到最後雞肉已經通通用光，麵也所剩無幾，甚至Chef麻煩我再做三份要外帶回去給他小孩吃時還沒肉可用，只好再次出動那塊品質超好生食用牛肉，稍微改良一下菜單，改做成三杯牛肉炒麵，後來他說他兒子超愛這樣的味道！

其實做三杯雞臺灣特餐的這天是我在這裡的最後一天實習，隔天就換到老闆另一家在賭場裡的餐廳La Brasserie du Casino。Chef為了歡送我，下班後特別把我拉去對面酒吧喝酒，稱讚我今天的表現，還問我在臺灣是不是已經是

個grand chef（大廚）了？我把一切都歸功到阮阿母身上，開始聊起小時候阮阿母就很常在家裡宴客，而且都端出很厲害的菜色，雖然沒有開餐廳，但在朋友圈裡手藝卻相當出名，地方上不少人都知道她是個大廚，而我就是由她調教出來的。

喝到一半，不知道為什麼我竟開始跟酒保討論臺灣的流行音樂，微醺的狀態下莫名其妙講了一口感覺比平常要流利的法文，跟他形容滷蛋唱的那首「岩燒店的煙味瀰漫，隔壁是國術館」在亞洲有多紅，他還立刻Google「雙節棍」這首音樂播放，讓整間酒吧都充滿臺灣味！

去世紀廚神保羅爺爺餐廳洗經歷（✖）

職訓中心的第三次實習，也是在 CAP Cuisine 考試前的最後一次實習，我實習地點是里昂的餐廳 Brasserie L'Ouest de Bocuse，也就是旅遊網站、部落客或旅遊書上介紹里昂時，常常都會推薦的，傳說中的東西南北四家餐廳之一的「西」餐廳。

因為這間餐廳屬性是 Brasserie[2]，走的是比較平價路線，提供的並不算是高檔料理，但這家餐廳的老闆可是在法國料理界呼風喚雨的世紀廚神保羅爺爺（Paul Bocuse），他老人家在法國是家喻戶曉的人物，是在教科書裡都會出現的神級廚師。更別提許多經典法國菜都是源自他的創作，比如臺灣很常見的酥皮濃湯，連 Joël Robuchon 和 Alain Ducasse 這兩個一天到晚在比全世界星星

2. 在法式餐廳分類中，Brasserie 比較像是精緻型大排檔，通常可以容納很多客人，營業時間也比一般餐廳還要長，有的甚至全日營業不休息。

誰多的天王廚師，保羅爺爺在世時也都敬畏他三分，畢竟保羅爺爺的地位在法國如果稱第二，沒人敢稱第一。

位於里昂郊區，那間以他為名的餐廳 L'Auberge du Pont de Collonges，是世界上歷史最悠久的米其林三星餐廳，更不用提由他所共同創辦的保羅博古斯廚藝學院（Institut Paul Bocuse）[3] 裡面更孕育了一堆徒子徒孫。

講那麼多，我是想突顯這裡真的是一個洗經歷的好地方，履歷裡多一個 Paul Bocuse 餐廳瞬間就變得很威，感覺到哪都能吃很開。但為何我可以進去實習，其實是我在準備第三次實習時，剛好看到他們在網路上徵人，抱持著有試有機會的心情，我就投了履歷，想不到過沒兩天就接到他們人資部門的電話，透過 Skype 的視訊面試，最後就順利被錄取了。

我在實習前一天先回到里昂，因為很久沒回去了，心情超級開心，興奮地

3. 由於保羅博古斯死後，集團之間的紛爭與官司，現已更名為 Institut Lyfe。

到處走逛（根本走到鐵腿）。確定可以去實習後，找里昂的住宿處也事不宜遲。透過我過去曾在里昂廣布的人脈網絡，請朋友幫忙及協助下，找到了乾淨清潔、配備齊全、高檔舒適，位在客廳裡的一張沙發，沒錯，這就是前面有提到那幾個在夜店莫名奇妙認識把我灌醉的酒伴，他們一起合租的公寓。

上班第一天，我被分配的第一個任務是紅蘿蔔削薄片和甜椒切細絲，都是為今日沙拉（salade du jour）做準備，中午出餐時，沙拉就是由我負責。

這間餐廳與前兩次實習的餐廳規模完全不在同一個級數，這個廚房規模非常大，幾乎可比擬一間食品工廠了，平均有將近15個廚師同時在裡面工作，菜色儘管不是那種精雕細琢的 Gastronomie 等級（法文的 fine dining），但用的都是布列斯雞、伊比利豬這種頂級優質食材，連員工餐也會比照辦理，吃得超級好，而且標榜所有料理接近 100% 自己製作，除了風乾香腸火腿、醃菜和麵包之外，完全沒有半成品這個流程，以增長見識來看，在這裡是可以接觸到很

多種高品質的農畜產品原物料，也是另一種打開眼界的學習與收穫。

用餐區的座位大約有450個，但餐期有200、300個客人同時湧入是很正常的事，因此備料的量要很大，出餐速度更要快，期間整個廚房幾乎變成戰場，短時間內要快速又不失品質供應那麼大量的餐點，氣氛十分劍拔弩張，大家的溝通已經變得愈來愈「熱情」——吼來吼去外加一堆髒話。

要我真情實意說出實習期間法語進步的最大原因，就是學到一堆廚房裡的垃圾話，比如「弄碎蛋蛋」（casser les couille），用法類似餐飲業內場忙不過來時常講的「塗草」。

Chef在前面用麥克風喊單，講得超級快，一開始根本不知道他在公傻毀，都要透過同事再次「翻譯」才知道要出什麼菜，好在愈聽也就愈能聽懂，不過還是常常得要跟同事再次確認我有沒有聽錯。後來遇到一個比我更菜的法國人

實習生，竟然也聽不懂 Chef 的喊單，還問我是怎麼辦到的，而我竟然有機會對人這樣說：「習慣就好！」

我在這裡主要負責的區域是前菜冷台（garde-manger），應該所有資歷淺的、較沒經驗的都是從這道關卡開始，這區一起工作的廚師依照排班少則3人、多則5人，忙的時候還會再有其他人加進來。儘管無須用火，掌管的菜色工序依然繁瑣，出一道菜常常都需要有好幾個步驟，也因此安排最多人力在這個位置上。

後來我被轉到熱台的魚組和肉組，雖然相較之下步驟簡單許多，但緊湊程度比冷台更刺激，既要掌握食材的熟度，也得控管出菜的時機，不像冷台做好就能夠上桌了，需要跟前方喊單的 Chef 大量溝通自己的進度，以及與一旁負責配菜及擺盤的夥伴們協調合作。這個位置的夥伴，大腦需要快速運轉，因為要多工處理同時在烤箱、爐台和鍋子裡的不同點單，相比之下，我的角色只能在

旁邊幫忙跑跑腿、協助擺盤，偶爾照看一下熟度。

雖然是協助的角色，但也提醒自己不能掉以輕心，有機會換到別的位置就要盡量學，用力觀察，能幫忙就盡力做，想盡辦法快速累積經驗，以彌補那起步比人家晚的歲月。畢竟在廚房裡，我的年紀已經比一半的人都還要大，卻只掛了個連最低階都還排不上的實習生（通常擔任這個角色都是十幾歲的孩子）。

每晚下班都已接近午夜，拖著疲憊的身軀，踏上里昂的公共腳踏車Vélo'v，沿著頌恩河（Saône）的夜景，穿過市區最長的紅十字隧道（Tunnel De La Croix Rousse），回到那可愛又迷人的沙發上，打滾一下很快就進入夢鄉。
隔天起來再次出發去戰鬥。

CAP考試大補帖，力求PASS！

操槍打靶、窮兵黷武就是為了上戰場（誤），熬過了那些寂寞無助又只能寒窗苦讀（？）的200多個日子，總算要和CAP一決勝負了！

CAP（Certificat d'Aptitudes Professionnelles）職業能力證書廚師考試項目總共有八科，分別是地理歷史（Histoire-Géographie）、英文（Anglais）、法文（Français）、數學科學物理化學（Math Science Physique et Chimique）、環境健康預防教育（Prévention Santé Environnement）、料理筆試（Approvisionnement et Organisation）、料理實作（Productions Culinaires），加上料理口試（Communication Commercialisatio），並且依各科目有1至12不等的加權分數。

考試安排得很分散，八科考試需要四到五週才考完，以我的狀況為例，從考第一科歷史地理是5月19日，到考完最後一科料理口試已經6月9日，還有同學被排到6月14日才結束，中間等待的時間很長，說好聽點是有很多時間複習，但其實一直在家裡等頗無聊的，心裡還卡著未完的考試也不敢到處亂跑。

首先登場的地理歷史總共要做兩份報告並帶到考場，評審從中挑出一份報告之後，考生再進行5到8分鐘的發表，接著評審會依照報告內容提出問答，全程大約15分鐘。

英文考試要自己準備三到五篇短文，當天也是由評審指定進行發表，然後提出問題與應試者討論，考試時間約15分鐘，發表前有15分鐘可做準備。一開始我先是自我介紹，沒想到評審覺得我的自我介紹很有趣，想要繼續聽下去，因此建議我不如就不要報告文章了，把自己的故事慢慢講完。接著，我就把自己這幾年在臺灣、在法國命運多舛的經歷說得口沫橫飛，還跟他討論了臺灣與

法國的英文教育方式，為什麼兩國人民的英文都不好等話題。

法文則是法國高中程度的法文考試，分成兩大部分，閱讀測驗以及法文作文，測驗時間2小時。法國高中生程度的法文對我這個外國人而言超級無敵困難，舉例來說，我練習某一年考古題時，當年的題目竟然是考一首詩（暈），白話文都不一定能看得懂了，更何況是一首詩！好在考試當天作文的題目是一篇正常的白話文章，勉強完成答題。

數學科學物理化學是我認為最簡單的科目，大概等同於臺灣國中程度的數學理化，而且考試還可以帶計算機！不過對大部分的法國考生來說很不容易。數學考題主要就是一些圖表或二元一次方程式，簡單的加減乘除，化學題目則是有酸鹼pH試紙實驗、計算莫爾數，物理則是電路圖串聯並聯，以及代公式算電功率。考試時間2小時，不過基本上我在1小時內就交卷了。環境健康預防教育考試時間1小時，諸如工作安全以及勞工權益還有職業傷害等，考題內

容範圍很大，對我來說難度極高，因為我不是法國人，對法國的法律沒有太多概念，很多都跳過或亂寫……

專業科目的料理筆試有2小時可以作答，分成兩大部分，第一部分會有兩道食譜要填空，像是份量要多少、缺了哪個食材、擺盤要用哪種容器、少了哪個必要工具或是某個元素要有哪些步驟來完成，然後再把4.5小時內完成這兩道菜餚的預先計畫流程寫在一張表格上。第二部分是各種廚房工作知識以及餐飲衛生觀念，很多都跟實際參與過廚房運作得到的經驗息息相關。

料理實作考試則是所有考科裡面最重要的一環，分數占的比重最重，幾乎可以說是只要實作拿到高分，其他科目考再爛都會過關。考試當天要在4.5小時內完成兩道菜，有可能是前菜+主菜或者主菜+甜點。考試時每個人會拿到一個菜盤以及兩張食譜，菜盤裡有當天會用到的所有材料，必須要按照食譜上的規定，在預定時間內將兩道菜完成。

除了最後試吃，操作期間所有的評審也會走來走去觀察考生的製作流程，中途與考生的問答都會列入計分，考試當天我遇到的評審們人超好，不但在考試過程中給我提點，還親自示範做給我看。說起來好像也沒什麼好驕傲的，不過考試時間終了時我是第一個把菜餚端上去，全場最準時完成的。

實作結束後，緊接著就會請考生一個個照順序，輪流與評審面試（料理口試），所有人都要事前準備一份自己的食譜，接著跟評審們介紹自己食譜上的菜餚，如果沒有準備自己的食譜，則要用當天實作考試的其中一道菜餚去報告，評審同樣會依照考生所講的內容提出問題，口試時間約10分鐘。

當天我發表的食譜是「酸辣湯餃」，評審問我這道菜要賣多少錢？餃子內餡兒用的絞肉使用豬的哪個部位？它是前菜還是主菜？建議搭配什麼樣的酒或飲料？用白水煮熟餃子的動作在專業術語裡怎麼說？什麼是豆腐？其實評審問的問題真的很廣，但總歸來說，就是仔細地跟他們聊聊自己準備的這道菜。

其實CAP在法國當地只是相當基礎的學歷，考生幾乎都是17、18歲中（小）學（屁）生（孩），考試途中可以看見很多都提早交卷散散漫漫一副不在意的樣子，而且來參加考試的外國人極少，像口試時好幾個評審看到我都覺得頗訝異，我被問了好幾次說為什麼要來考 CAP。這又讓我回想起當初申請到 CAP Cuisine 職訓，從臺灣要辦簽證去法國教育中心面試時，還被某個微胖又機車的面試官刁難：「為什麼要來這裡考這麼基礎的學歷？」那時我超想回嗆她：「林北就是想拿一張法國廚師執照，干妳屁事喔！」

完成考試後約一個月，就收到考取 CAP 證照的通知了。CAP 考試內容乍看對外國人而言相當不容易，但其實只要上課多用心，實習不要打混，心態認真積極，考試要通過應該不成問題，不過前提還是要先克服語言障礙啊啊啊！

Chapter 4

飄留里昂

為了想方設法留在法國寄生上流，
開啟了拚命找工作卻到處碰壁的窘境。
真正接觸廚房的工作後，打破了我的認知，
還有這麼多挑戰要經歷，就且戰且走吧！

行不通的求職之路

考完 CAP 廚師證照後，我並沒有覺得頓失人生重心，因為二度踏上法國，不知不覺，想要「在法國留下來」已經成為我的最終極目標。

其實當初在 Brasserie l'Ouest de Bocuse 實習時，我就曾想過，如果有機會，希望能夠留下上班。沒料到實習第一週，Chef 就問我要不要留在餐廳工作，於是就在實習接近尾聲之際，他們的人資給我一個 promesse d'embauche（在他們正式聘用前，提供的聘用保證）。

當時，猶如社會新鮮人的我真的開心到爆炸，畢竟那是我最後一次實習了，而我的簽證即將在七月到期，大概只剩兩個多月的時間了，一整個陷入愁雲慘

霧又超級迷惘的低潮狀態，還記得我五月生日時發了一篇很悲慘的文，寫到「靠！我不知道我未來在哪裡、下一步在哪裡」，只要一睡醒睜開眼都在煩惱簽證該怎麼辦？下一步該怎麼辦？沒想到在這讓人焦慮的情況下，居然獲得這個好消息，當下覺得真是太棒了。

在法國，如果住在巴黎、里昂或馬賽這些一、二級大城市，移民局對當地的我們這種外國人來說，是一個非常痛苦的所在，一是排隊要等很久，二是工作人員態度極不友善。

幸好我是拿了 promesse d'embauche 到香貝里 Chambéry 的移民局（距離艾克斯來班約10多分鐘路程），他們先讓我臨時簽證延長三個月，讓我可以去處理工作簽證事宜，說起來也算是夾雜了一半幸運之神的眷顧，畢竟於法不合，因為在法國申請工作簽流程相當複雜，依照規定是須由聘僱公司來處理受僱者的工作簽證，而且受僱者也必須提供給移民局關於公司的詳細資料，才能夠延

長拿到一個臨時簽證。

在拿到臨時簽證的那一刻，人生瞬間由黑白變彩色，好像前途突然一片光明，走路都有風了起來。也因為這個機緣我搬回了里昂，和打羽球的模里西斯球友成了室友。

然後就在預定開始上班的前三天，Brasserie l'Ouest de Bocuse 的人資部秘書打了一通電話給我，先是說沒收到我的簽證資料，短暫交談後，結論就是因為我的資料是學生簽證，有工時上限，如果聘用我，對他們而言是有風險的，因此他們也明確表達無意幫我轉工作簽，於是乎這個工作就這樣掰掰了。心情當然是盪到谷底，但我卻也不怕，因為我的目標很明確，不管怎麼樣我就是要留下來。

所以，接下來我就開始一段里昂求職大冒險，除了到餐飲專門的求職網丟

履歷，也向我有興趣的餐廳寄信或臉書傳訊息詢問工作機會，沒多久就面試了好多餐廳，其中也不乏星級餐廳。

首先是到間一星餐廳試作，這次經驗頗為奇特，黎巴嫩老闆兼主廚看起來不太管事，餐廳裡裡外外事情統一由二廚包辦，基本上這個 Chef 就是看得到人、說不上話，任何事一律都要我直接去找二廚，然後就看那個二廚彷彿有三頭六臂一樣忙到翻掉，工作到一半腳還抽筋；另外還有一個用打工留學簽證來的日本人，不會法文，英文也卡卡的，負責甜點和打雜。

廚房裡的氛圍說不上來的怪，感覺老闆在壓榨那個二廚，而日本人則是被當機器人使喚。儘管服務生們人還不錯，但廚房氣氛就真的一言難盡，而且還吃到了麵皮沒烤熟的千層麵員工餐。甚至當天老闆似乎也沒有要給我薪水的意思（原本還要凹我做一天……以下省略語助詞），我在一旁觀察這整個情況覺得老闆非常血汗，因此趁做了一個中午的 service 後，就找個藉口說晚上還有面

試，便拍拍屁股閃人了，想當然爾後續不了了之。

這是我人生到目前為止唯一一次餐廳求職直接試作的經驗，一般餐廳通常會先進行面試，坐下來談完之後才會提到試作，但這間餐廳僅僅打了一通電話來，就要我來試作，後來我想想，至少不是高薪誘騙詐騙集團（✖）就好了。

其他面試的餐廳幾乎都會關心我的身分與簽證，只要聽到這類話題一律就是謝謝再連絡。其實我完全可以理解，畢竟對雇主而言，沒有理由為了一個低階的廚房職缺，花那麼大力氣幫他取得工作簽證。更何況我只是個剛從學校出來，不太有經驗的非歐盟外籍人士。講白一點，廚房這種工作找誰都可以做，幹嘛這麼麻煩？換作我是老闆，也不會想要聘請外國人。

這裡來簡單科普一下，先不說旅遊簽證免簽的情況，如果外國學生簽證要轉換為工作簽證，首先這間公司要向政府（通常是移民局）說明為何必須要聘

用這位外國人，還必須提供公司的會計資料等證明，所以這一定是個很重要的職位。而在提出申請以後，受雇者（比如我）在等待移民局回覆期間（等待多久就是一個未知數……囧），仍保有原來的學生簽證，因此不能實際前往公司就職，只能依照學生簽證的工時去工作。

假設工作簽證申請被回絕，若需要補資料得先等兩、三個月；若工作簽證通過，同一個的職缺就必須在移民局就業服務站公開三星期，期間一旦有符合同樣條件的法國人來申請，必須優先錄取本國人（說白了就是保障當地人就業機會）。

所以啊，倘若是一個很基本的職位，比如廚房助手，這種工作性質根本想都不用想，而我這種學校剛出來的一定都是廚房助手（Commis de cuisine），是不可能弄到工作簽證，萬分之一的機會都不！可！能！

讀到這裡，你是不是覺得我已經心灰意冷、槁木死灰，如同一尊雕像佇立不前了嗎？沒有，當時的我腦袋正在高速運轉，拚命思考想要找到一個方法，讓我留下來。

想方設法爲了留下來

當時的我，每天就是不斷地尋找如果不辦簽證還有什麼門路。因為基本上要走工作簽證的這一條路，我已經不抱任何希望了。當然，雖然希望很渺茫，但其實在一些比較偏遠的小鎮，他們或許是很缺人的，雇主可能會盡全力把你留下來，可是因為我現在待在里昂，這是個大城市，大到人滿為患，根本就不缺人！

經過一番深思熟慮，我慢慢放棄了找工作轉換身分的念頭。轉念一想，不如我繼續當學生，備考另一個餐飲相關的執照似乎也不錯，畢竟在法國當學生的成本其實還滿低的，又有不少補助，還可以加減工作賺錢，因此我把腦筋動到師徒制的熟食與肉品加工執照（CAP Charcuterie-Traiteur）上。

出此下策其實也算是我個人私心，因為我很喜歡吃法國臘腸（saucisson），法國臘腸和中式臘肉臘腸的作法一樣，差別在於裡面的調味料不同，歐洲人會生吃臘腸，我們多半要以煎或烤成料理。

再進一步想，如果我能夠學會做法國的香腸火腿，以後回到臺灣也蠻有搞頭的，而且香腸火腿剛好又是里昂的特產。於是稍微修改履歷和動機信後，跑到手工藝工業局（CMA，全文為Chambre de Métier et de l'Artisanat）註冊，又繼續開始找店家投履歷，詢問有沒有在找學徒。

經過一番掃街撒網捕魚，請朋友幫忙打聽推薦後，還真讓我找到一間熟食店答應要聘用我。跟我面試的老闆提到，他們以往聘用的學徒幾乎都是外國人（南美洲人居多），不過還沒收過亞洲人，因此對我頗有興趣，而且他還一口答應要處理文件，後續看情況如何再通知我。當下心裡還挺開心的，因為終於在簽證到期前找到一個方法能繼續留下來，可以學新東西還有薪水能領。

結果，面試結束後，我再傳訊息詢問文件處理進度，老闆直接已讀不回，經過三個禮拜，我直接奔向他們店裡拜訪（是不是似曾相識的情節），老闆不意外地給了一堆理由，還有就是發現我的年紀較大，如果聘用我的話比較不划算（似乎是要繳一些額外的稅金），所以很不好意思地告訴我：「請你再加油好嗎？」儘管已經很習慣法國人來這套，但當下還是很不爽，為什麼不早說？

當時的碰壁，也讓我反問自己，我到底想不想回學校。坦白說，其實當時的我並沒有想清楚，腦子裡不過在盤算可以用什麼簽證留下來。在這段過程中，我投出了很多封履歷，履歷上還洋洋灑灑地寫了「我是廚師，我想學熟食和臘肉」，唯一有回覆的只有這間餐廳，老闆原先的態度讓我充滿希望，可是最後讓我了解，希望拖著拖著最後就變成絕望，因為他們法國人處理事情的態度，害我白白浪費兩週的時間乾等！

在法國賣紅豆餅發大財？

距離簽證到期的日子愈來愈緊迫（當時已經八月了），我能做的還是只能重新開始繼續找其他工作機會，後來聽了朋友建議直接打電話去當地公會詢問，看能不能得到一些訊息。

電話那一頭是位和藹的女士，她聽我敘述自己的狀況後，建議我先打電話去學校確認還有沒有名額，因為如果名額已滿就得等到下個年度，如果尚有名額的話再打電話給她，她會幫忙想辦法。於是我著手打電話到里昂周邊的餐飲高職詢問，果然……該年度的名額已滿，我太晚開始找了（嘆）。

接下來該怎麼辦呢？這時，內心默默地興起「不如直接創業」的念頭，雖

然是從當學生跳躍到另一個身分，但其實我已經有創業的經驗，而且也觀察法國人的飲食文化一段時間。法國人熱愛甜點已經不是新聞，然而在客人面前現做熱呼呼的甜食倒不是那麼常見（大概只有了無新意的 crêpes 可麗餅以及油膩膩的 churros 西班牙油條），外加冠上「亞洲」來的神祕新鮮感一定能擄獲他們芳心。我鐵口直斷地認為有個臺灣常見的街頭小吃，在這裡應該會很受歡迎——沒錯，就是紅豆餅！

為何單僅憑我的創業直覺，就認為紅豆餅是很有投資潛力的標的呢？請聽我分析。回到那個年代（2016 年，你各位看看短短幾年物價通膨有多驚人）臺灣紅豆餅一顆約10元，以當時匯率折算下來約略是 0.5€，餡料大概就和可麗餅雷同，不過口味又更豐富。

若在法國販售一顆紅豆餅的售價是 1.5€ 或 2€，他們絕對可以接受，因為當時英國已經有一顆 3€ 的紅豆餅了，而我發現巴黎出現有人賣紅豆餅的時間是

在2019年間，是不是猶如先知！以我機敏的觀察力，如果紅豆餅移植到歐洲來，還可以冠上一個「亞洲風格」的宣傳關鍵字，法國人肯定會買單，我真心評估紅豆餅崛起的機會非常高。

再來因為歐洲人很討厭甜的豆類食物，所以紅豆餅絕對不能有紅豆口味！以我對法國餐飲業基礎的了解，想要變化內餡太簡單了，最基本的奶油就是卡士達醬，從卡士達醬延伸又可以發揮很多創意，比如巧克力醬、草莓醬、抹茶粉；若要增加鹹口味就有法式酸奶或起司，像是最普遍的火腿起司（jambon fromage）；甚至可以結合當地的元素，比較特別的就是里昂特產一種粉紅色的果仁糖（praline），里昂當地作法是把praline打碎，和法式酸奶油（crème fraîche）一起煮，就變成一種當地特產的內餡口味，變化無限但又不脫離法式的範疇，以上這些技術層面對我來說簡直易如反掌。

而且紅豆餅還有一個好處，就是它不需要被弄得太漂亮，因為內餡最後會

被蓋起來看不到，所以不用在裝飾上花太多時間，不然一般法式甜點真的講究起來，和日本和菓子卯起來的程度是不相上下的。

光是這樣想想，我還畫起了一塊大餅（是紅豆餅！不是大餅），因為這門生意若要搞成連鎖運營模式真的不會太困難，只要有機器，麵糊材料不外乎雞蛋、麵粉、牛奶、奶油和糖調製而成，基本上和可麗餅是一樣的，加上訂出「沒有紅豆的紅豆餅」這條遊戲規則，臺魂法式甜點已經八成有譜。

我原本的想法是先工作，累積一些資本再看看怎樣開店，但眼看前面幾種方法都行不通，不如盡早執行計畫，於是我開始研究該如何在法國創業開店，不研究還好，一研究下去發現超級複雜，光是公司形態就分好幾種，且爬文發現似乎還得請律師、會計師。

網路上看得霧煞煞，於是先聽從朋友建議去了工商業局（CCI，全名為

Chambre de Commerce et d'Industrie）諮詢，得到的答案是「先要有能夠創業的商業簽證才可登記公司再開店」，因此得先向萬惡的移民局（Préfecture）遞出簽證申請，隔天只好乖乖去移民局排隊詢問並拿取相關資料。櫃台小姐告訴我文件準備好後要上網預約繳件時間，回家上網瞄了一下可預約的時間，天啊！最快竟然要四個月！四個月後！儘管如此，身體還是很誠實地在四個月後的那天按下確認……

之後在里昂又鬼混了一個多月，我回到臺灣探親。在臺灣的兩個月裡，除了應邀出席三場分享會，此行主要目的之一就是研究紅豆餅！原來市面上的紅豆餅機器多數是臺灣生產製造的，而且在紅豆餅界中勞斯萊斯等級的紅豆餅機，價格差不多也不過10萬元左右（2016年的物價水平啦，現在不知道），有些小型機台甚至可以塞進行李箱，缺點是要接瓦斯。雖然在法國並不普遍，但也不至於滯礙難行。

我還為此特地走訪一間位於臺南某鄉鎮家庭工廠，一聽到公司業務主要是出口日本，也有貨運到德國，我差點腦子一熱就直接下訂單了。同時也意外發現法國在臺協會竟然也可以申請商業簽證，只要預約馬上可以繳資料，瞬間心想既然如此為何不乾脆在臺灣弄一弄就好？於是著手寫了人生第二份創業計畫。因為得用法文撰寫，花了我不少心力，當中還有許多必須附上的會計資料，把我搞得一個頭兩個大，好在有谷哥大神當後盾，拼拼湊湊好不容易完成了在法國賣紅豆餅的企畫，交件的時候櫃台大姐聽到我要去法國賣紅豆餅，臉上還揚起一抹興致盎然的神情說：「我覺得很有機會！」

只是，一直到我的飛機都要起飛，商業簽證還沒審核下來，我只好先去領回護照飛回法國。

尋找簽證的人

不得不說，在我前往法國的這幾年，「簽證」變成是我生命裡的幽靈，提不起也放不下，連《航站情緣》這種突然困在機場的電影情節，也差點在我身上發生！

從臺灣回法國的這一趟，算是為「關關難過關關過」下了最佳的註解。由於我的臨時簽證已經到期，我事先將那張移民局確認預約日期繳交資料的文件印下來並帶在身上，本以為只要有那張申請證明就可以，豈料第一回合先是在桃園國際機場櫃臺被問了一次：「你沒有回來的機票？」這時我拿出移民局預約文件說明佐證，才得以被放行過關。

出境後我到阿姆斯特丹轉機，機場移民官直接蓋章，與一般流程無異，那時我還老神在在，等我要飛到里昂辦理入境查驗手續時，移民官說：「你的臨時簽證過期了。」我又再度拿出那張移民局預約繳交證明文件，移民官看著文件一言不發，露出懷疑的表情，他追問我在荷蘭過境時有沒有蓋章，我照實回答有啊。

移民官咄咄逼人的態度把我搞得很緊張，拿著護照翻來找去就更找不著，最後終於讓我找到那個比浮水印還水的戳章時，已顧不得旁人大喊一聲：「就在這裡，我找到了！」通關之後真的鬆了超大一口氣，這度秒如年的40分鐘啊！簽證教會我的事之一：臨時簽證快到期時，就算有預約也不能出境，因為一旦出境就進不來了……

好險回到了法國繼續生活，在我模里西斯室友（也是我的會計師友人）相助之下，我把在臺灣做的企畫案修改得更精美，時間過著過著，好久以

前就在移民局網站上預約的時間終於到了，遞件完領到一張新的臨時簽證（récépissé），資料審核期間繼續維持學生身分，意思就是要再繼續等……

等待的時間，我沒有虛度光陰，而是積極去探查潛在紅豆餅開店地點，了解店面行情。首先，在法國不是與房東雙方合意就能租來開店，須視法規是否可從事餐飲業（甚至有的規定不能有油煙），其次撇開租金不談，還有費用高到有點嚇人的經營權，總之查了資料，了解實際情況之後，心頓時涼了一半，我哪來這麼多錢……

我也想過可以先從市場擺攤或路邊攤起步，可是在法國路邊擺攤的規定很嚴格，通常規模一定要是具備一台餐車，這其實幾乎和開店預備金差不了多少。至於比較熱門的市場擺攤地點，又需要歷經一個又臭又長的申請過程，甚至申請的人一定多到都要去候補排隊。

更何況我賣的是紅豆餅這個新玩意，就得要去跟上潮流的地方，比如我最常去也最熟悉的，位在頌恩河河畔的著名市集 Marché Saint Antoine，因此根本不可能在很傳統、很偏僻又只有當地人會去的市集，可是只有這類型的小市場，才可能有位置可以承租。唉，自古世事難兩全。

短期合約地獄

由於不知道還要多久才會有消息，心想再這樣下去也不是辦法，總得找點事情做，因此臨時起意，向以前實習餐廳的同事詢問一些招募資訊，是否願意聘用我這種有工時限制的外國人，結果無巧不成書，我直接就去他剛開的餐廳上班了。

抱著「有工作就做」的豁達，也逐漸建設好自己的心理，找回「自己是個有路用的人」的感覺，而且工作一段時日以來，即便都是我一個人負擔廚房大小事，倒也不以為意。

之前實習時，我就曾耳聞這位實習同事似乎滿厲害的，他之前曾待過法國

巴黎喬治五世四季酒店（Four Seasons Hotel George V Paris）裡的三星餐廳，在帶人方面也很願意講也樂意教，但可能是漸漸被他發現我還滿好用的，而且認真負責願意學，聽話老實不靠北，因此漸漸把愈來愈多事情交給我。本來我還有點自我感覺良好，一種被肯定因而奴性爆發的暗爽，後來才意識到這根本就是被凹……

Chef開始把工作都推給我，當個事不關己的閒人，成天滑手機聊天打屁，自己爽也就算了，好死不死餐廳廚房是半開放式，裡面的人都看得到外面在衝啥毀，我一個人在廚房裡忙到七竅生煙，他還大搖大擺在我面前耍廢，等到service時東西沒準備好，就只會出一張嘴嘰嘰歪歪怪東怪西（國罵消音中）！你他X不管事，還把這麼多重要工作交給一個新來的阿兜仔，偶爾才出包已經算是上輩子祖宗有積陰德了好嗎！

不只如此，他沒事還愛開一些不得體帶有種族歧視的玩笑，像是跟我講話

沒三兩句就提到黃種人怎樣怎樣，大陸人怎樣怎樣，甚至有次看我切到手流一堆血，居然白目地問：「你的血怎麼不是黃色的？」

是腦袋有洞喔！另外還有一次我做了一鍋新醬汁，只是詢問他需要確定還有沒有要再放別的東西，他竟然這樣回答：「Tu mets dans ton anus, et la sors de ta bouche！（放進你的肛門，然後再從嘴巴吐出來）」靠腰哪有老闆這樣講話的？完全就是狗嘴裡吐不出象牙（怒）！

怒氣還可以延伸到員工餐，真的吃！超！鳥！Chef根本不在乎員工吃什麼，張嘴就只會無心問問今天吃啥，十次有九次都是洗碗工大叔去拿冷凍牛絞肉排和冷凍蔬菜出來，不然就煮個麵撒些起士配幾片火腿當作一餐，挖操！這種一頓飯就要40、50€起跳的高級餐廳，竟然給員工吃這種鬼東西，只有偶爾幾次晚上比較不忙時，我受不了跳出來煮才會有點變化，但老實說員工餐根本不甘我的事！

此外這間餐廳種種浪費食材的行為更是讓人看不下去，比如說某些切下來的肉部位頂多是需要花一些時間處理，可是只有在Chef偶爾心血來潮時才會想到可以拿來利用做成醬汁，不然眼睛都不眨一下，一概丟掉；還有一鍋熬很久的上好牛肉正好肉質軟嫩，結果最後只取熬出來的湯汁，牛肉通通濾掉倒掉，滿滿一鍋肉就生那麼點醬汁（嘆）；在處理魚的時候也是無比煎熬，切下來的魚肚無一例外地成了廚餘，想想一大塊新鮮又美味的鮭魚肚就這麼進了垃圾桶，覺得好可惜好浪費。

工作途中如果有空檔，我會盡可能把這些剩料打包帶回去，接著就會發現家裡冰箱愈來愈多餐廳剩下的食材，幾乎不需要出去買菜，說起來或許算是這份工作的好處，但我寧可看到這些東西不要被自己出手救回來放在冰箱，而是在餐廳就能夠有效被利用，直接進到客人嘴裡。

相信不是所有餐廳都像我遇到的這般慘不忍睹，但要做到愛惜食材還是很

困難，畢竟餐飲就是一門產業，要考慮成本、時間、人員配置等各種因素，最終目的是要營利，因此在綜合計算結果之下只要能夠賺錢，誰管你那麼多理想的環保道德情操！

拿到了兩個月的薪資單後，我竟然有點百感交集，畢竟這是我被簽證逼得走投無路下第一份正式領到薪水的工作。待遇約 1250 至 1500€ 的薪資看起來差強人意，換算成臺幣好像還可以，但別忘了我在法國，這樣的薪資換算下來根本就是中低收入戶的水平。

每天做得要死要活，時間通通被綁住，換來的是苟且偷生的遮羞費，光房租就去掉超過三分之一，還得繳其他有的沒的費用，扣一扣算一算一個月是剩下多少？難怪轉行的那麼多，流動率那麼高，缺人缺那麼大！

利用簽證即將到期為由，我在兩個月合約到期後斷然婉謝繼續被當成奴工

受雇。正當到移民局換了一張新的臨時簽證 récépissé 之際，又出乎意料地接到一通電話叫我去上班，也不知道這家餐廳是在哪裡看到我的履歷，也因為他們家二廚突然摔斷手急需要人手臨時代班，所以正好有了這個天上掉下來的機會。

Chef 是超級拉丁美洲人性格的墨西哥人，擁有保羅博古斯廚藝學院（Institut Paul Bocuse）畢業的華麗背景，同事們相處很融洽又歡樂，更沒有前一間餐廳的種族歧視狀況，因此很順利地一路做到七月底，等二廚手康復能夠工作後我才離開，還剛好在餐廳度過了我五月的生日趴。

比較不同的是，相較一般法國餐廳工作日通常是週二至週六，從早到晚 service 兩回合，臨時代班的工作內容是週一到週五的中午班，雖然看起來並非慣例，但時間上更為彈性，光是聽到這個工作時數我立刻表達高度意願，加上老闆是給黑工的薪資，從早上九點到下午三點工作六小時 60€，等於月薪實拿 1200€，樂觀地想，這不就是錢多事少離家近的工作嗎？

其實這份工作的時間、薪資與地點，很適合待著一邊累積經驗，也因此，我也更了解廚師整個工作內容的狀況，以及有更深的觀察與體悟。

寄生法國

有句話說：「人在屋簷下，不得不低頭」，就算工作有著落了，想要低頭也得先有個屋簷啊！

在法國居住大不易，對我這種勒緊褲帶過日子、活在貧窮線下的人（來賣慘的），在法國找房子不但超級無力，甚至可以說十分痛苦。通常法國租房都一定要透過房仲，由於很多人都在看房，所以有沒有正式工作、收入來源都是優先篩選的背景條件，且還要有一個保證人（要是法國人，或在法國生活的法國籍人士），而且房仲費用通常會比第一個月的房租還高，還要額外再加兩個月押金，看看這不斷累加的費用，完全驗證了「錢不是萬能，但沒錢萬萬不能」這句話！

幸好實習結束後回里昂走走時，因為和模里西斯球友約了小聚，意外聊天提及搬回里昂一事，就這麼誤打誤撞得知他有一套兩個房間的小家庭公寓，目前只有他一個人住，「我可以搬去跟你住嗎？」當下我毫不遲疑立刻開口詢問。靠關係搞定第一回合的蝸居，沒有花太多傷腦筋的時間去找房，天助自助者啊！

只不過……送君千里，終須一別（誤）。這次從臺灣返回法國後，模里西斯室友提前預告他妹妹要搬來住，所以我得開始找房了，自此開啟寄人籬下的日子。

短短不到三個月時間，輾轉在三個朋友家住過，先是借宿在兩個女生友人家裡客廳的沙發床，感謝她們收留我這無家可歸又暫無頭路的異鄉遊子。當時我已經在寫部落格「講 joy 哥講究」，還因此收到《臺灣人沒在怕》節目製作人提出的合作邀約，他們打算來法國拍攝一系列以廚師為主的節目，並商討請我先提供一個自己拍攝的 demo，我的兩位臨時室友對這個提案覺得酷斃了，

甚且毫不猶豫就自動獻身（誤），一起在這支影片中演出了（影片請搜尋我頻道最早期的那支「料理教室：台式炒飯 Riz sauté taïwanais」）。

後來某次與 Home 爸 Patrick 敘舊時，聊起暫住友人家生活上的點點滴滴，沒料到他突然拋出一句「不然你來住我家吧」，正當簽證、租房沒一件事順心焦頭爛額之際，更能深切體會雪中送炭的可貴，每每在人生遇上波瀾低潮時，Patrick 都從旁拉了我一把，這時我也開始在餐廳工作，展開早出晚歸為五斗米折腰的魯蛇奮鬥記了。

在工作期間我還是不斷尋尋覓覓找房子，一次次不斷經歷空歡喜，心情簡直就像是洗三溫暖。最後我在另一個 what's app 西班牙語系群組詢問借宿一事（我完全不會講西班牙文，不要問我到底為什麼會加入這個群組），很快就有兩個法國友人回應，也很爽快地讓我搬去當短暫的室友，繼續和另一張沙發床為伍。有趣的是，當時我幾乎天天從餐廳拿回很多食材（如果我沒有捨身相救，

這些東西就是被浪費丟掉了），簡直讓我成為了我臨時室友的「依食」父母，沒想到在確定我租房成交即將搬離開時，他們竟然還挺失落的，畢竟免費的食物飛了（笑）。

但是回頭想想自己何德何能，這段流離失所的日子，竟然依靠朋友的幫助，活了下來，這些人都不求我付房租，心中產生無限的感激。不過我也不是白住白睡那種不懂事的自私鬼，所以在人家家裡當起了稱職的家庭「煮」夫，俗話說，要抓住一個男人的心，要先抓住男人的～喂！

只要不是富二代坐擁金窩銀窩，來到法國找房子，每個人或多或少都有些滿腹牢騷，就像我明明就是口袋空空，看房次數多到還產生自以為投資客的錯覺，而且因為我是要找合租的物件，而非獨立套房，所以還得經過室友面試的流程。很幸運的是，在亂槍打鳥的情況下，竟讓我在市中心超好的地點媒合到了我的新室友，房租雖然有點高，但還在我可以接受的範圍內。不過他到底怎

麼看上我的（誤）？請記住這八個字，「投其所好、正中下懷」很重要，因為聽到我是廚師，而他喜歡做菜，重點來了，使出我的必殺技——

「你有女朋友嗎？」我問他。

「沒有，我單身。」

「我認識超多妹子的。」此刻我已經打開手機影片，播放那支沒多久前才跟兩個妹子拍好的demo。

兩天後收到一封簡訊，反覆打開看了好幾遍「你可以搬進來了」，感覺好像中樂透一樣，在餐廳工作的當下真的很想大喊大叫，根本控制不住上揚的嘴角，整個人飄飄然的，因為，我終於有真正的歸宿了！

縱然生活虐我千百遍，我仍待你如初戀——我將此金句送給我自己。

不上班的日子

這段時間表面上我做了很多事情，但實際上是因為找無頭路沒工作，空閒時間相當多，工作四處碰壁有很大部分都源自身分關係，身邊不乏有人建議不如找個人結婚取得身分，一切問題都好解決，儘管純屬玩笑，但老實說，也真的是一個最實在且有效率的方法。

在好友開導之下，我參加了很多活動，一天到晚參加 Party，認識了不少朋（妹）友（子），從剛開始害怕自己語言不夠好，不太敢主動搭訕（✖），漸漸熟悉各種社交場合後，告訴自己不要想太多，盡量去聊天，想到什麼就講，反正法文本來就不是我的母語，講不好也是正常的，反倒是人家看你很努力想表達自己想法，都會很願意聽，甚至會協助完成你想表達的意思，就這樣抱持

著一股想把妹的超強動力，法文立刻大躍進，接著一連串加 FB、留電話，約出來，不久後就找到人生的摯愛、結婚生子、入籍法國，從此過著幸福快樂的日子……才怪！

FB 與電話要到不少，約一群人出來也還算好約，但單獨約會全部失敗，我默默感受到亞洲男性在愛情市場上不受青睞的困境，偶爾暗自惆悵若自己長得像金城武或彭于晏應該就不會那麼困難了，哀。

那時候我的朋友很多，幾乎認識的都是女生，私底下有藍顏知己的封號，但凡有人想要約出去玩或開趴，直覺都會假邀請真拜託我來充當爐主，基本上找我一定可以約到女生，所以對他們來說，我就像是個……妹頭！我常用的 App 不外乎 Coachsurfing、Meetup 以及 Facebook 刷附近活動，或者去某些特定酒吧定期舉辦的語言交換，以及使用法國本土專門揪團認識朋友的網站 onvasortir.com。

或許是我善用上述說的這些工具吧，不過當地環境所產生的固定活動也是有加乘效果。里昂當地人在天氣好的時候很愛到河邊野餐，尤其在分隔市中心的兩條河——隆河（Le Rhône）與頌恩河（La Saône）的河畔經常可見人山人海，偶爾就會發生不聊不相識的邂逅，然後彼此很快就變成朋友了。而且這裡每週還會有固定的國際野餐日，來的人幾乎都是在里昂的外國人，帶點吃的或喝的就可以去認識人，頗有意思。

也因為待業中的緣故，有一回為了紅豆餅開店到處走跳時，意外牽起了我和跳舞的緣分。那次巧遇一位 Party 認識的柬埔寨男生在里昂市政府廣場跳社交舞，他跳得超好，我竟看得蠢蠢欲動，後來還真的斷斷續續的去上課學跳舞，可是以我當時的經濟能力，也沒辦法負擔這筆學費。

雖然沒有錢，但想空想縫我最在行，於是又向 what's app 西班牙語系群組約去學騷沙舞（Salsa Dance），還找到一個公益組織 Salsa4Water[4]，是利用教

---

4. 科普一下 Salsa4Water 這個組織，這是從蘇格蘭格拉斯哥一個學生組織發起的，所以普遍都在歐洲校園推廣。

學 Salsa Dance，來宣揚水資源的環境保護，因為是公益組織，一週有四天開課，但是一年年費只要 15€，收費超級便宜的，而且所有課程都可以去上課，實在是上愈多賺愈多（誤）。

從此我就一頭栽進跳舞的世界裡，在第二間臨時幫手受傷的主廚代班的餐廳工作時晚上不用上班，所以這段彈性時間裡，無論初學入門或進階班各種課程，只要有課我就會去跳舞。連墨西哥 Chef 知道這件事後都超驚訝的，我一個亞洲人會跳 Salsa Dance，他自己是拉丁美洲人反而是門外漢，於是每天下班我們幾乎都是結束在這句「你又要去跳 Salsa Dance」。跳舞後來變成我一個很重要的興趣，跟了我好幾年，也讓我度過很多閒閒沒事的生活時光。

而且就在我投入 Salsa Dance 後，就再也沒去打羽毛球了，因為打羽毛球的都是男生，跳 Salsa Dance 幾乎清一色是年輕的妹子（賊笑）！

說到當時打羽球時，我的生意腦也不斷運轉中，觀察到在法國（基本上歐洲都是）打羽毛球很貴，他們一般都是打塑膠球，因此只有球技很進階的人才會使用到羽毛球，然而我在臺灣有認識相關廠商，我想到可以直接跟羽毛球工廠進貨，再進口到歐洲比當地羽毛球拚競爭力，只不過礙於當時法文程度難以溝通，加上法國各種課稅條件，另一方面紅豆餅創業的準備也蓄勢待發，總而言之這門生意就不了了之了。

我這停不下來的性格，讓我在這段無所事事的時光中認識很多人，也嘗試了很多事，是我回想起來時，仍然感到非常快樂、充實的回憶。

這些人那些事．廚房的日常

你以為當廚師就只要專注做菜嗎？其實廚房裡的工作大概只有不到 20% 是真正在做菜，大部分時間都在打掃、清潔、整理、備料等雜事，除了 Chef 有權決定要做什麼菜，其他人基本上只是協助完成任務，聽候 Chef 差遣，況且 Chef 也是人不是機器，有情緒也會失誤，因此別期望會多有組織效率全盤規畫並分派工作。

講好聽一點廚房是團隊合作，但實際上是極權專制，裡面只有一個老大，那就是 Chef，一切都由 Chef 掌控，他說好就好，不好就不好，叫你幹嘛就幹嘛。你當然也可以不聽話提出意見，但最好是理由充分到讓他信服，不然就等著接受一番羞辱吧！若想盡情揮灑自己的創意，分享對食物的熱情，請好好混個八年十年以上還要燒香拜佛運氣夠好，當上主廚再說！

廚師這份工作在媒體前很常被比擬為藝術家，比如保羅爺爺在 1961 年即獲得了「法國最佳工藝師」（Meilleur Ouvrier de France，簡稱 MOF）殊榮，但我不覺得廚師像藝術家，我反而覺得廚師的工作，實際執行起來比較像是職業運動員。

因為當廚房運作起來就跟打仗一樣，動作要快又精準，沒時間等你精雕細琢完成一

件動人作品，外頭的顧客都餓著肚子等你出餐，慢慢來客人就不會再回來。大量的體力活、長時間循環相似的勞動、同事間緊密溝通協作，隨時都得面對各種突發狀況，還要維持料理的品質，比賽有輸有贏，但待在廚房只能贏，出包就是被幹爆，每個service都必須保持一定的品質。

再來提到廚房的薪資，廚房團隊的薪資配置也跟職業運動隊伍一樣，球星可以領到比他隊友多好幾倍的薪資，同時也是球隊的看板與支柱，而默默無聞的球員只能得到勉強餬口的陽春薪水；廚房裡Chef就是看板球星，領最高薪，所有功勞都歸在他身上，也負擔了整間餐廳的成敗，其他資歷淺的廚師就等同球隊裡不知名的球員，只能領最低基本薪資，得慢慢等待機會往上爬。然而，回頭看看每個人的產能，球星有比其他隊友多奉獻好幾倍嗎？主廚的勞動程度有比其他廚師多那麼多嗎？少了隊友的協助，球星能夠幫助球隊贏球嗎？Chef沒了助手，一個人有辦法順利地運作廚房嗎？

運氣並不站在每個人身邊，就算付出努力也不見得會成功，多少人做一輩子廚師也沒能當上主廚，多少小聯盟球員打了好幾個球季都上不了大聯盟，更遑論過程中的職業傷害使得生涯中斷。

沒錯，既然職業是廚師，手上累積的各種燒燙傷、切傷根本家常便飯。餐期當下幾乎不可能停止手邊工作去休息，因為餐還是要出、料還是要備，客人不會因為你受傷而不來吃飯，唯一能做的就是簡單稍做處理或直接忽視，繼續把任務完成。我有好幾次在出餐過程中被鍋子燙傷，都得咬牙忍痛直到工作結束，結果忙完回過神想到要處理傷口時竟然不痛了（這哪招）。

我也曾耳聞不少男性廚師工作久了貌似出現生育困難的問題，因為爐子的高度正好位在生殖器官附近，長時間接觸高溫蛋白質會煮熟，子孫數量因而減少，也算職業傷害之一。有人可能會疑惑，若是避免溫度高的廚師，那麼甜點師會比較安全輕鬆嗎？好像也未必！烤箱溫度也很高，煮糖更容易燙到手，而且要搬一箱箱甜點原料的重物更不會少。就像我之前用臨時簽證被當奴工的那間餐廳裡的甜點師，年僅23歲的小鮮肉已經在用護腰，還挺一個大肚子，一看就知道是吃了不少甜點剩料，為職災內容又增添一筆——發福，尤其是做甜點的。

有道是「內行人看門道，外行人看熱鬧」，廚房裡的溝通非常重要，但是我們這些外國人學法文已經夠困難了，在高壓緊迫的環境下還要大量使用這艱深的語言跟團隊

溝通，也不要奢望這些待廚房的法國佬有幾個會講其他語言，好一點的能講出幾個英文單字就算不錯了，這些傢伙之所以會走這一行大部分都是因為不愛念書，水準可想而知……

平時我使用法文在生活上或交朋友都還不算太大問題，但在出餐的緊張時刻得專心做事，無法騰出另一個腦袋去思考語言要怎樣使用，這時往往會講得亂七八糟，因為單字卡在腦海裡用不出來、發音結結巴巴，常讓同事們摸不著頭緒，這時最不爽的就是有人開始模仿我講話，藉機嘲笑這個語言障礙的外國人，像這種各式各樣狗屁倒灶的雞歪鳥事，天天都在上演。

在這段說起來為時不長的餐廳工作經驗，我漸漸領會到廚房跟軍隊有很多共通點，比如說每天有固定要完成的任務，工作中得隨時待命聽候上級指示，休假偶爾還會因應特殊節日臨時被叫去加班而被取消，甚至平常下班後更不用指望有太多私人生活，因為每日超過十二小時以上的工時，收工往往都已經午夜了，回家只能睡覺，隔天起床又繼續回到廚房，放假以外的時間家人朋友都很難看到你。這樣的工作模式就好像廚師把人生奉獻給顧客的嘴，就好比軍人把自己貢獻給國家部隊。

想當初自己一開始只是單純喜歡做料理，在家自己煮出興趣，而後輾轉來到法國，考了張執照，然後去上班，沒想到一步步地戳破了「到法國當廚師」的美麗泡泡——電視上那些看似高雅有品味的大廚，帥氣地示範一道道精美料理，溫柔優雅地講述食材原理，耐心指導電視機前的觀眾……

現實的專業廚房裡根本沒有這回事，大家嘴裡噴出來的沒一句好話；髒話、黃色笑話、種族歧視等言論一點都見怪不怪，誰跟你講文雅？不粗魯就不錯了！走出了廚房，也沒有好到那裡去，藉由菸酒乃至毒品來放鬆、轉換心情，對不少人而言是難以離手的必需品，試想在每日循環著粗重高壓又長時間的工作環境洗禮之下，誰不想要找些管道來發洩？廚房的辛苦，只有真正進入這個環境才能體會。

Chapter 5

轉換身分，繼續前行

命運安排下，開始經營共享廚房、私廚工作，
後來還創立頻道拍影片，經歷過點閱率極低的慘淡時刻……
這條路雖然崎嶇，但走著走著，
阿辰我還是打造出屬於自己的一片天了。

創業新轉機

從繳交商業簽證的資料開始，前前後後大約等了超過半年的時間，終於拿到了商業簽證，照理說就是要創業開紅豆餅的店了，但是我卻超級迷惘，一方面是因為已經無法再簽新合約繼續上班（因在法國有正職工作就無法申請商業簽證，兩者資格有所衝突），另一方面是經過幾個月已經沉澱下來，原本的紅豆餅計畫也早就失去動力，以我這種非富二代一般小康家庭出身的背景，根本沒有足夠銀彈與資源支撐在這裡開一間店。

當時每天下班回家臉就結一坨屎，不斷煩惱下一步要做什麼，加上我和我室友同年，難免會比較我跟他之間的差距。他是核能工程師，有一份很好的工作，經濟無虞，相比之下，我當時的收入連繳房租都感到吃緊，還需要家人金

援，除了整天出去跑趴一事無成，留下的理由似乎也只剩下跳舞。感覺自己做的一切就只為了待在法國而已，愈想愈覺得心灰意冷，覺得自己是一個廢物。

那段為時不短的超級低潮期，我室友還特地帶我去拉克呂薩（La Clusaz）[5]他家山上的滑雪站散心，他駕駛山上的沙灘車載我徜徉原野風光，參觀他舅舅生產乳酪的牧場，遼闊景色讓我雜亂的思緒因此慢慢沉澱。

我回想自己從臺灣一路來到法國的這段時間，雖然遺憾還是很多，不過該經歷的似乎也都經歷了，廚師執照也考了，餐廳也待了，法文也溜了，就算離開到別的地方去好像也不會沒搞頭，情況或許沒我想像的那麼糟。

接著，我上網Google發現匈牙利的首都布達佩斯，這裡除了妹子正，又有很不錯的餐廳，更重要的是那邊有人在跳Salsa，臺灣也已經能夠申辦打工度假簽證，而且年紀未滿30都還有機會，評估後我認為可以闖看看，因此下定決

5. 法國的一個市鎮，因境內的大型滑雪場而聞名。

心後就告知了身邊友人，我將要離開這個充滿回憶、令人留戀不捨，且已經待了近三年走在路上都會遇到熟人的地方。

室友聽到我打算離開，竟然很反常又堅決地說：「Non !」他要我留下來。

「你不是常找朋友來教他們做菜嗎？你就靠這個創業啊！」

「我又沒地方教做菜。」

「你就用我們家啊！」

這個提議讓我想起過去我一直很想教學的念頭，像我在大學校隊時就教過羽毛球，還有一直以來教做菜的熱情，也因為後來在FB寫到想要把教菜拍片記錄下來，讓一對西班牙情侶朋友及一個羽球球友，報名參加了這非正式的「以菜教友」廚藝教室（請參考我頻道影片 Atelier de cuisine par Chef Chouchou - Présentation）。

他告訴我有一種微型企業叫做 Auto-entreprise[6]，他弟就是申辦這種公司，

6. 是法國的一種簡化稅務和社會保險制度，為創業者和自僱者提供一個簡單快捷的註冊和運營方式。

在他的協助下，我似乎重新看見一道光，一道可以繼續這趟旅程的光。登記註冊 Auto-entrepreneur 的過程還算順利，就只是上網填資料，繳費後文件寄到家裡，公司就成立了，接著拿公司登記給移民局，並重交一份創業企畫，簽證幾乎就算是妥當了（當然等拿到正式簽證又是好幾個月後的事）。

確定簽證沒問題後，就去了一趟小旅行，到西班牙巴塞隆納跳 Salsa，再去波爾多找強者我學長安東尼騙吃騙喝。有時候人與人之間的頻率真是奇妙，我在巴塞隆納此行住的 Airbnb 房東湊巧就是教跳舞的老師，在波爾多住的 Airbnb 也遇上了同為微型企業用戶的年輕人，還因此提醒我上網資料其中一欄「ACCRE」要打勾，真的很感謝他，果然往後繳稅費用差很大。

仔細想想，這一趟只是為了放鬆心情去旅行、跳舞，卻在旅途中，不經意遇到了可以互相交流的人，而且正是我當下最需要的幫助，彷彿這一路遇見的人是冥冥之中的安排，緣分真是妙不可言。

經營共享廚房遇貴人

確定成立公司，從事料理教學後，我開始尋找場地。在找廚房空間時我覺得自己很幸運，當初好死不死找房找到市中心，地點好、空間大、室友罩、廚房設備又齊全，經常假日就找朋友來家裡煮菜、跳舞、開趴，廚藝教室就是建構在這樣的概念下誕生。

室友還跟我一起想了一個（自以為）很屌的名字「Faitogether」，來自法文 Fait-tout（鍋子）以及英文 together，設計系出身的我操刀畫出了 CI 設計，希望形塑出大家來一起做菜的氛圍，我甚至還剪了一支宣傳短片、成立粉專，介紹這個新成立的共享廚房。

我最初的理念是想要打破坊間廚藝教室的一貫作法：一個廚師在前面示範、給大家食譜抄筆記，頂多讓你動手做幾個步驟，這種花了很多錢上了一堂課，好像也沒學到什麼鬼東西，然後課程就結束了。我以自己從業餘晉身職業的角度來看，這種方式是幾乎不可能學會做菜的。對我而言，學做菜就像學音樂學運動，需要大量的實際操作練習，別人再怎麼苦口婆心教你，聽了不做也沒太多意義，因此我試圖將過去學習料理的真實經歷轉化到課程當中，讓大家可以實際摸索。

我想把真正餐廳後廚的運作方式融入教學當中，並採會員制以會員費 100€ 加入，讓真正有興趣的人把料理當成是一種才藝，固定時間來學習。再來就是體驗價的定調，一開始的策略是想以很低的體驗價，讓潛在客戶來試試我的上課模式，因此來體驗上課的人，每人每次只要支付 5€ 的費用，主要是分攤食材費（因為我知道要去哪裡採買便宜又新鮮的食材），算是很好入手的價位，當然，最終目標希望可以順利招到會員。

宣傳方式主要就是靠 FB 粉絲專頁舉辦活動發布訊息，記得第一堂課剛發佈時一直沒動靜，原本以為要流團沒搞頭了，但是上課前一天突然有五個人報名，原來是有朋友把我的活動分享到 Erasmus 國際交換學生社團，總算倖免，也小有斬獲。

不過 FB 宣傳效果有限，加上分享到各大社團的貼文也不一定會被審核通過而發佈，又沒錢買廣告，因此也開始轉往其他平台尋求曝光機會。後來在 OVS（onvasortir.com）及 Meetup 兩個網站辦活動招人，漸漸地，每次活動詢問和報名人數都有增加，比較不用擔心沒人來，前前後後的宣傳過程總共收到 6 個會員，而且來的都是上班族。

基本上，每次上課都有前菜、主菜、甜點一組完整的三套式套餐，預計一週開三次體驗課程。由於受限家裡廚房規模，課堂人數接近上限 12 人時，不可能所有人同時有事做，因此都會準備飲品、小點，讓他們喝酒喇賽互相交流認

識，整個氛圍營造出像一場輕鬆的社交聚會，偶而中間等待烹煮的空檔，我就會問學員有沒有興趣學跳舞，並立刻現場示範起來，讓廚藝教室一秒變成拉丁舞 Salsa 或 Bachata 社交舞教室。

也正因為這樣的機緣，一位來體驗的學員對我這個概念相當感興趣，主動表達想協助我把 Faitogether 發展起來，他同時也是我收到的第一個會員。他看我剛開始的營運狀況有點像無頭蒼蠅，而他過去的工作就是企業裡協助部門創新、組織再造的新創顧問，他覺得我的概念很好，但再這樣沒方向的經營下去很快就會撐不住。他的直言不諱針針見血，的確真實情況就是來體驗的人多，但都沒成功招到會員，幾乎等於沒有收入。

在他的引導之下，我看見了很多原本沒有注意的細節，比如剛開始我上課時都沒有穿廚師服，缺乏給人第一眼的專業形象，也應該幫學員準備圍裙，讓人更有做菜的儀式感，另外還有家裡打掃不夠整齊，播放的音樂清單沒有特別

挑選過，搞得像大學生家裡開趴，甚至自己的教學理念和收費方法也沒有跟學員特別強調和溝通等缺失，導致大部分都只是來玩一玩就走了。

此外，他還幫我把 Faitogether 的理念介紹與宣傳文案重新寫得更有故事性，並引導我分析粉專該如何經營，包括發文內容如何創造行銷，以及發文時挑哪些形式的照片，例如我都會從旁側拍學員做菜的樣子。因為他的慷慨相助，我學到好多好多，更結交到一個很棒的朋友。

把事情想得太簡單

雖然 Faitogether 運營愈來愈順手，但現實面卻還是沒有任何收益。於是在朋友建議之下，找來里昂當地的網紅、美食部落客、Instagramer，請他們來體驗我的課程，但有了他們的加持，以及慢慢累積的名聲，生意就有了起色嗎？事實上收入依然相當拮据，連基本的房租都無法打平。

由於法國廚藝教室一般都是法餐居多，但我可以教偏亞洲風格的料理，因此還沒開始在家裡開辦共享廚房之前，我曾經去里昂廚藝教室投履歷，心裡盤算著，如果投上了等於是被正式聘用的老師，累積一些知名度，如此一來，也有助於我自己本身經營的共享廚房錦上添花。

過渡期間有收到兩間廚藝教室的回覆，一間是一位美國阿姨在里昂的廚藝教室，專門針對外國人來里昂用英文學做料理，初次面試時，她想了解我會不會做一些法國傳統菜？我內心 OS：「這是我拿手的好嗎！我在 Brasserie l'Ouest de Bocuse 實習就是專門訓練法國傳統菜！」因為她想開發中國客戶，而且她廚藝教室一堂課費用是 80€ 起跳，要價不菲，她請我用中文進行一次試教體驗，這對我來說超簡單，用中文教課多爽啊！

她開出的試教菜單是小牛胸腺（Ris de veau）與經典甜點的反轉蘋果塔（tarte Tatin）。我運用 Paul Bocuse 經典的作法和醬汁，加上使用中文來說明，更加能夠心無旁騖地專注享受教作的過程，果不其然讓她給予極高的評價，對我做出來的水準相當滿意。雖然後來因為她公司法人登記的商業型態不能聘請人來教做菜而作罷，但對我而言倒是藉機看到另一個世界，原來要經營高級的廚藝教室必須注意到這麼多細節。

另一間法國人經營的廚藝教室也有安排主廚跟我面談，但沒有後續聯絡，我原以為就這樣不了了之，想不到後來這位主廚離職後主動寫信給我，信中提及他任職的新公司是類似地下街運營商（當時是2018年初，美食街在法國是相當新穎的概念，不像臺灣美食街、小吃街由來已久），他們是協助新創餐飲業的孵化器，其營運計畫就是募集餐飲業的新創投資者。

他們一開始對我po在IG上面用來騙騙新認識妹子的臺法融合料理照片感興趣，希望我能夠跟他們合作，然而成為他們的新創投資者條件並不寬鬆，除了須先繳交保證金15000€，一年合約期滿後予以退還，此外每個月營業額若未達4000€的話，當月營業額將歸運營商所有。想了想我是完全沒把握4000€可以達標，保證金也不是一筆小數目，幾番思量之下，總算理性戰勝感性，放下開店的念頭。

此時，我停下來回顧我的轉型之路，過程中實在發生了太多的不期而遇，

就像經營廚藝教室到一半，怎麼突然又岔出新創餐飲業開店的支線，這種際遇簡直就像在玩大富翁遊戲的機會、命運！

同一時間在室友的牽線下，結識了里昂當地新創交友網站 Ki-wi.fr 創辦人，他們正好在找能夠一起跟他們辦活動的廚藝教師，幾次開會討論後找上位於市中心的廚藝教室「InCuisine」，三方合作之下舉辦了一場 Street Food Taiwanais 臺灣小吃趴。另外在其他朋友介紹下，我也去公益組織 Les Petite Cantines 的共享廚房開課，以及親子概念館 La Fabullerie 教小朋友做菜。然而，依舊不夠維持生計……

雖然嘗試了這麼多行銷方式，也跟很多相關人士討論過，但是經營 Faitogether 共享廚房還是沒有什麼起色，難免感到失落，但換個角度想，因為這個機緣我也學到了不少經營的細節（尤其是那位美國阿姨經營的廚藝教室），那就再想想，下一步該怎麼做吧！

重返修羅場

在Faitogether收入有一搭沒一搭的情況下，我趁空檔回臺灣一趟，我明明是有抱負有理想的年輕人，身上卻始終擺脫不了「不務正業、遊手好閒」的標籤。這趟再回法國時，心裡算是有底，想要賺錢了。這樣下去不是辦法，不如再回到餐廳打工，起碼可以賺點基本房租生活費。雖然無法以正式職員身分簽新合約，但以打工的方式還是行得通。

於是我去註冊了餐飲打工網站Brigad，在審核面試通過之後，不定期透過他們APP發任務，讓我去各種不同餐廳打工。這個網站有明訂必須是微型企業業主，且有商業登記的資格才能通過，因為要自己繳稅。

第一次接下的派遣是去一間攀岩中心，因為本人有熱愛運動的基因，所以首次合作算是賓主盡歡。坦白說，大多數派遣工作都是屎缺，畢竟餐廳會出現人手不足的情況，多半是老闆抱著撙節開支、能省則省的心態，甚至有些外觀看起來很高級的餐廳，多是金玉其外、敗絮其中的代表，像是最常見的：廚房環境很髒很噁心。

不過，我還是抱持著這樣的信念繼續工作：「我就是為了錢來工作的，反正只要做這幾天，忍一下就過了。」漸漸地，生活將我的個性磨圓，是為了讓我滾得更遠，滾到最後，我就大概知道這種打工的行情了，且覺得可以不用再繼續這樣的工作。

所以與此同時，我也打電話給了之前臨時代班那間餐廳的墨西哥 Chef，問他是否缺人，雖然他已經離職到別間餐廳工作，不過他還是很樂意幫忙我。因為我現在是以商業簽證的方式待在里昂，再也不是學生身分，因此他問我有沒

有興趣去高級的餐廳？於是在他的引薦下，我接到了 L'Institut Restaurant 的 Chef 打來的電話。

說到這一間位在里昂皇家酒店（Hotel Le Royal）裡面的 L'Institut Restaurant，就是大名鼎鼎的已故法國廚神保羅爺爺（Paul Bocuse）開設的廚藝學校「Institut Paul Bocuse」附設餐廳，走的是 Gastronomie（Fine Dining）路線，名氣在里昂幾乎是無人不曉，而我的好麻吉墨西哥 Chef 以前就是在裡面當副主廚。

我甚至連履歷都沒帶，簡單和那邊的 Chef 面試聊完後，直接明說我是微型企業商業簽證，不能簽正式合約，他跟會計確認沒問題後，跟我說明聘用的方式將會以 service 來算薪資，一個 service 會算我 100€。當下聽到 100€，心裡根本就在吶喊：「Holy shit !」我工作以來從沒拿過這麼高的待遇，如果做完一天 2 個 service，就是 200€！

隔天立刻上工，也因為會固定在那裡上班，所以將打工網站的帳號關上了。剛開始工作還被電得滿慘的，畢竟好一陣子沒在專業廚房工作，手腳變得比較遲鈍，加上又是第一次在這種等級的餐廳上班，各種要求比以往待過的餐廳還要嚴格，結果搞得自己愈來愈緊張，擺盤的時候手超抖，做不好又挨一頓罵，動作太慢也被譙……前幾週每天想到要去上班壓力就好大，但一想到他們付給我高額的薪水，身體又很老實地去上班了。

一開始我待在前菜冷盤（garde-manger）區域工作，負責這個區域的一個男領班（chef de partie）經常心情不好，脾氣很差。剛來的時候還覺得他挺和善的，很多事情都說他來就好，沒讓我練習的機會，我也覺得無所謂，反正多一事不如少一事。但是過不久後他就一反常態了，頻頻使喚我做這做那就算了，只要出任何問題，甚至明明結果是好的、是對的，但不是用他的做法執行，通通都會被他訐譙。

他的言行舉止愈來愈誇張，開始亂摔東西、甩門、揍冰箱，像個神經病。偶爾還講出種族歧視的言語把我數落到狗血淋頭，還有無論我做任何事，他永遠都在催我：「快點、快點。」搞得我上班超緊張，深怕又惹怒了他。

長期的精神摧殘之下，負面情緒不斷累積，而且怒罵的言語更是糟糕，以前法文不好聽不懂就算了，現在大部分都聽得懂了，只會感覺更加無力。後來我實在受不了，下班後跑去跟 Chef 抒發自己的感受，講到一半差點悲從中來（好在男兒有淚不輕彈，我有忍住）。

然後 Chef 有約他聊聊，接著，他變得會鼓勵我，也會說：「謝謝、幹得好！」急轉彎的態度變化，雖然讓我壓力下降，但也讓我覺得心裡毛毛的。

與男領班前後判若兩人相較起來，另一個年輕女領班倒是徹頭徹尾的——必取。對我這新來的除了總是擺出大便臉，就像個管家婆一樣什麼細節都管、

嫌棄東嫌棄西，不耐煩地從頭到尾碎碎念，看什麼都不滿意。他對我機歪的態度有好幾次誇張到連 Chef 看不下去當場發聲制止，以免她歇斯底里又失控把廚房搞得烏煙瘴氣；甚至還有一次被她狂幹譙狂酸了一整天，一堆同事都跑來拍拍我的肩膀，用同情的眼神看著我，然後嘆了口氣，並流露出了「你的遭遇我都懂」的過來人眼神。

不過如果不是因為她的關係，我不會開始注意那麼多小細節，比如工具的擺放方式、洗手台些微殘留的髒汙、套在塑膠瓶外的防油紙巾該怎麼折、工作檯是否保持整潔、切丁的大小有沒有一致……儘管打從心裡度爛她，但身體與習慣還是一點一滴地，被她調教成一個會重視細節的機器。

漸漸熟練後，換去熱菜區跟著祕魯領班與二廚一起工作，氣氛完全不一樣，除了大家比較熱絡，工作起來也有組織多了，不僅任務明確，事情交代得清清楚楚，他們也不會莫名其妙亂發脾氣。尤其祕魯領班人超好，完全沒有脾氣，

和他工作起來既放鬆又有效率，此外，之前介紹我來這裡工作的好麻吉墨西哥Chef也回來這裡上班，我們又開始屁話家常，彷彿回到之前一起在那間小餐廳奮鬥的日子。

這間餐廳開設的宗旨就是讓學校學生來實習，因此來這裡的實習生相當多，而且來自世界各國的都有。之前此工作期間正好碰上一波短期課程計畫，學生們來自博古斯學院世界各國結盟的餐飲院校，美國、加拿大、瑞典、希臘、新加坡、菲律賓、韓國、日本、哥倫比亞等，也有臺灣的高餐。那陣子近兩個月的時間，餐廳會每週換一組實習生，他們的共通點就是沒有人會法文，所以我就順理成章地變成同事的翻譯機，法翻英、英翻法、法翻中，同時得要兼顧自己工作還要教旁邊實習生，簡直就是頭殼捐咧燒，尤其是當遇到那種很雷的實習生，崩潰等級大幅提升。

當新學期又來了一批正規班實習生，這表示餐廳不需要我去紓解人手不足

的問題，也是我該離開的時候了。算一算在 L'Institut Restaurant 工作的時間，從四月到七月底，九月又去上班兩週，前前後後加起來的長度，已經是我待過最久的餐廳了。離開後一種既厭世又疲倦的勞累感再次湧上心頭，如同過去每間餐廳工作任務結束時，無論結果是好是壞，都會想要大聲怒吼：「X！再也不想當廚師了！」

當然賺到些許積蓄，荷包也不再那麼緊縮，不下數次在腦海裡閃過同個念頭：林北雖然不是畢業於那間號稱歐洲最好廚藝學校 Institut Paul Bocuse，也沒待過顯赫星星的米其林餐廳，還不是照樣在這裡上班了，而且還領到不少錢，感恩感恩，平安喜樂，可喜可賀。

回顧這段回到廚房燃燒生命的日子，儘管出發點是為了解決自己經濟上的困境，但可以來到這麼高檔的地方上班，身邊夥伴不是之前待過星星餐廳，就是世界前五十大，能夠見識到截然不同的世界與工作，其實是我的榮幸。

在L'Institut Restaurant，不存在「還不錯」，必須「非常好」。所有的要求都是趨近完美。這段歷練除了讓我的個人履歷變得更加漂亮，在潛移默化之中也提升了我的專業技能。

兼差一日私廚

從臺灣回到法國後我大徹大悟，決定發奮圖強認真賺錢。為了不要讓自己太閒，想偶爾賺賺外快，我註冊了La Belle Asiette。這是一個提供私人主廚服務的網站，在填好資料、登記自己的公司碼，並經過幾通電話面試之後，我的私廚服務就被刊登在網站上了。

面試時網站小姐有提到會有一個「認證晚餐」，網站會邀請部落客來當第一個客戶，體驗新主廚的服務，考驗這個廚師是否有能力提供及格的餐點，擁有符合價值的廚藝。

在與網站、部落客喬好時間後，就接下了第一次到法國人家裡當私人主廚

的任務。事前我傾盡專業表現與部落客討論了菜單、人數及廚房設備，將當天晚餐的突發狀況降到最低。

為了這慎重的第一次，我甚至動用了之前在家經營廚藝教室時，累積下來的里昂當地美食部落客人脈，想打聽當天晚餐貴賓部落客 Estelle 的消息，卻仍然不知她是何方神聖，不過這也沒啥影響，菜好好做就對了。

晚餐前兩天我就開始四處奔波準備，當天甚至還裝了兩大袋傢私來到客人家。其實當時我已經在 L'Institut Restaurant 上工一週了，索性藉機把廚師服包裹帶出場，嘿嘿，穿著繡有 Paul Bocuse 的廚師服，一定讓所有法國人眼睛為之一亮！

開門迎接我的是主人家超可愛未來潛力無限的小女兒，和「格主」本人寒暄一下才得知，原來她幾乎不接業配，部落格上講的都實話，因此才與其他活

躍於廠商邀約的美食部落客不熟。神奇的是，真正的「Estelle」則有兩人，她們曾是同間公司的同事，名字剛好一樣，因興趣相投而成為好姐妹，共同經營部落格，一個負責攝影、一個負責撰稿，這天晚餐就是在負責文字的 Estelle 家進行，包含她與她的家人、還有攝影師 Estelle 與她的家人，共六個人準備體驗我的服務。

有趣的是，這是她們生平第一次預定私人主廚（chef à domicile）到家裡做菜，為此事前還大規模打掃了自家廚房一番。由於是第一場的認證晚餐，網站特地派了一位專業攝影師，想到第一次做菜有人全程跟拍紀錄，我表面上泰然自若，其實心裡既興奮又緊張。

第一道開胃小點（Amuse Bouche）準備的是「煎豆腐搭配溏心蛋」，兩者用炸蘿蔔絲組合起來，再淋上酸酸辣辣阮老母秘傳，以檸檬、魚露、醬油、糖、香菜、辣椒調製而成的泰式醬汁，還特別跟女主人要了牙線來切溏心蛋，小技

巧，是我事前做功課從阿基師那偷學來的，果然這種生活小巧思對生性爛漫的法國人非常合拍，出奇招奏效！

前菜是我把自己很愛的韓式烤肉延伸變化出來的一道菜，將切成薄片的豬肉下鍋煎炙，搭配自己醃漬的臺式泡菜，以及前一天花了好大一番功夫烘焙的米餅，點綴上以韓國大醬（韓式味噌）製成的醬汁，端上桌為他們解釋這是受到韓式 BBQ 啟發而創作出的一道料理，果不其然他們立刻投以驚奇的眼神，畢竟韓國離他們太遙遠，除了可能直覺可以想到金正恩，但韓式料理長怎樣，平常只能靠想像。

緊接著因為主人家的烤箱突然罷工，原本應該是金黃香脆的烤雞翅主菜陷入危機，好險在我急中生智之下，改放入醬汁燒煮雞翅，這個構想就是來自我小時候常吃的糖醋雞丁。我把雞翅分成兩節做成棒棒糖狀，不只便於食用，視覺上也帶給人別出心裁的創意手法，搭配茄汁為主體酸酸甜甜的醬汁，以及當

季市場常見新鮮盛產的綜合炒蔬菜，這種酸甜口味的菜餚相當符合法國人對亞洲料理的期待。

甜點時間則是端出了我最自豪的壓箱寶，重新詮釋的「蛋白霜蘿勒檸檬塔」，這是我本人常用的解構技法版本，這道甜點已經不知道征服（把過）多少國籍的妹子了。

餐會來到尾聲時，我坐上餐桌與主人聊天、聽聽他們的想法，他們對當晚菜色相當驚豔，並表示在里昂從沒看過類似型態的組合。我也分享了自己對料理的觀點，講述過去經歷種種故事及在餐廳各種工作經驗，而擁有這種風格的創作，不過就是這些年來走過足跡的縮影罷了。臨走前，主人家可愛的小女兒還特別跑來說：「C'est le meilleur repas dans ma vie !」意思是，這是她這輩子吃過最棒的一餐。

這次獲得滿堂彩後不久，接到了下個任務，是一對年輕夫妻，因為孩子還年幼，萬聖節假期出不了門慶祝，因此預定了私人主廚的服務。La Belle Asiette 這個私廚網站除了到客人家做菜，也提供料理教學，特別的是網站上還提供禮物券服務，例如太太生日，老公訂一場學做菜的私廚體驗當作禮物。由於我的主打定位是「法式亞洲風」，法國人可能會覺得有機會學做亞洲菜很好玩，像是女子單身派對教做菜任務就出場（坐檯）了好幾次，這種萬花叢中一點綠真的蠻嗨的！

對我來說，兼差私廚是一個相當有趣的嘗試，能夠走入法國人家裡面，了解形形色色的餐桌文化，同時還能認識更多新朋友，可謂相當難能可貴的經驗。然而現實面卻是私廚接案的利潤很低，本身網站已經抽去了一大部分，剩下的錢還要再買食材，回頭算算成本，最後實際進自己口袋寥寥無幾，嚴格來說 cp 值頗低，因此到後來就漸漸淡出這些任務了。

轉換跑道拍影片

結束餐廳工作後，我又過上無事一身輕的日子，很快地又讓我閒到懷疑人生。就在惶惶不可終日之際，朋友（也是我法國室友）給了我酒展的門票，我覺得這是一個很好小試身手的機會，以玩票性質試拍影片，再自己後製剪出了一支「法國逛酒展喝到茫」短短3分53秒的影片。

沒拍不知道，一拍不得了，我發現拍影片其實可以一本正經地胡說八道，實在好玩得不得了。於是就和品酒師開拍了一系列 ft. Célia 的葡萄酒之旅，搞怪的我還刻意將影片片名結合法文編號「Vlog N°3」，N° 是英文 No. 的法文寫法（嘿嘿這種雕蟲小技我內行）。

當時只覺得拍片很好玩，對我而言也是一種新的嘗試，沒想到一拍就有種上癮的感覺，就像打通任督二脈，不斷地湧現許多創意與點子。對我來說拍片不難，就是拍攝日常生活與分享自己的知識，也不會為了拍片而刻意去做什麼事。比如我去買菜，那是因為我本來就要煮飯吃飯；去餐廳拍影片，那也是朋友來找我才有藉機之便。

我拍影片的大原則就是「以不花錢為主」（請做筆記），如果真的要花錢也是因為自己想要享受，從不是為了拍片，更別說我的人生字典裡絕對沒有擺拍，因為實在太假掰了。曾有人問我不擔心「蛋塔效應」嗎？我想，畢竟我在法國生活很多年了，我的題材與觀點應該跟臺灣的朋友們很不一樣，所以我也不會煩惱沒哏沒想法，怎麼拍應該都會蠻有趣的。

只是在努力剪了10支影片，每支影片都只有20、30次觀看次數後，我該死的大頭症又發作了（從小我就大頭症，覺得自己什麼都很好），不敢相信，怎

麼可能都沒人看！

我拍得要死不活卻沒賺錢，真的超級怨嘆、心有不甘！因此過了一個多月後，意志開始動搖了，因為我是真的幾乎身無分文，房租都繳不出來，生活費用也無法負擔，好像也只能把拍片當成興趣，不得不向現實低頭……

我只好悄無聲息地默默打開之前打工 App 帳號重新登入，趁著每年12月初里昂年度盛會「里昂燈光節」（Fête des lumières）即將登場時，去應徵餐廳打工，接著展開地獄般的打工生活。如潮水般湧進的觀光客讓餐廳廚房忙到天翻地覆，每天上班都超累，回到家若還有時間只想補眠而已，YT 頻道早就拋在腦後，完全停更。

就在我陷入自我懷疑時，卻出現了一個「雖千萬人吾往矣」的聲音，來自於我當時的女朋友（現在也是我老婆）Alice。她鼓勵我應該繼續做我要做的事

情，雖然她不會中文，但是她說看我的影片覺得很有趣、很有潛力……是的，每個 Youtuber 背後都有個偉大的他／她（愛心符號）。

於是我決定好好檢視自己的影片，思考如何讓影片更吸引人。改掉亂槍打鳥的策略，參考我作為部落客寫文章時，在 FB 社團、PTT、mobile01 各大論壇分享的曝光方式；同時研究其他 Youtuber 如何經營自己的頻道。另外，還需要找到不被觀眾識破有廣告置入的技巧。

所以我開始著重影片內容，做出觀眾感興趣、好奇的題材，比如旅遊、到餐廳吃吃喝喝或做菜的主題，催生「法式生蠔這樣吃」、「臺灣菜法國人也愛？」等幾支影片，相繼在 PTT 美食版、France 版以及 FB 社團「臺灣人在歐洲」（Taiwanese in Europe）分享影片。

出乎意料，「去法國人家外燴當私廚」這支影片竟然在 PTT 的 cookclub

版被推爆了！這個結果讓我慢慢找回自信，都說了不要臉最大，我乾脆一不做二不休，自己轉載到 PTT 的八卦版，然後……八卦版也被推爆了！

致各大鄉民們，我大學時有一個人生願望，就是在有生之年，有某個事蹟在 PTT 被推爆，可是我千千萬萬都想不到會是在 cookclub 版！

之後我的 Youtube 頻道就開始活躍起來了，影片下方每天有刷不完的留言，訂閱數在一夜之間就衝破千人小關（？），「去法國人家外燴當私廚」這支影片觀看次數更是一路累積衝上 20 萬，甚至在 2019 年 1 月訂閱數就正式破萬，然後那一天我人正在南法拍攝「塞特港 Sète 地中海俗又大碗超美味現撈海螺生蠔」，為此還特地截圖破萬紀錄，為我 Youtuber 人生的高光時刻以茲紀念。

頻道經營方法學

隨著頻道訂閱數持續成長，後續推出的影片觀看次數基本都是破萬起跳，我進一步了解才知道 Youtube 分潤有門檻的。這裡科普一下要達到分潤的條件有兩個，第一點是頻道訂閱數須達成 1000 以上；第二點是過去一年，總影片必須累積被觀看 4000 小時的時間。

符合這兩個條件，就可以申請成為 Youtube 的合作夥伴。申請成功後就能為自己的影片啟用盈利功能。開通頻道後每月大概只有 100、200€ 微薄的收入，且以一週一支影片（片長約10分鐘）的發片頻率來看，基本上就算每支影片都有10萬觀看次數，分潤後的收入還是很拮据，頂多只能應付我的房租而已，況且當時也無法維持每週一支影片上線的頻率，當然也沒有達到10萬觀看次數。

雖然進帳有限，餓不死也富不了，不過 Youtube 流量卻也帶來其他關注度，像有出版社就曾跟我提案寫書、某某食品大廠的橄欖油來找我業配等。然而就像很多白手起家的創業者總是校長兼撞鐘，一個人根本分身乏術，加上完全沒接觸過業配行情，可能是開價不符合對方期待，所以明明是幸運之神來敲門，最後卻搞得廠商知難而退，通通不了了之（嘆）。

之後接到 Youtuber 克里斯丁私訊邀請，希望我能為他帶路，介紹法國尼斯的餐廳、交流法國美食文化，於是促成了我們合作拍出的影片「法國餐廳該怎麼挑？如何避免踩地雷？與克里斯丁吃餐廳聊料理 ft.Ting's Bistro 美食自學廚房」。藉此機會，我也與他交流經營頻道的經驗，種種學習與努力，讓我算是對於如何轉型成一個職業 Youtuber 站穩了腳步。

有趣的是，半年後，我到南法邊境拍片「蒙地卡羅頂級海灘俱樂部 義日融合菜 ft. Gloria & Simone」，途經尼斯等車時晃晃逛逛，回到和克里斯丁巧遇

的餐廳（演很大），餐廳老闆看到我立馬眉開眼笑，原來我們影片上線之後，他們餐廳來了很多平常不會出現的亞洲面孔外國人，餐廳生意變得超級好，可是他們英語不流利，所以那些客人都是打開影片跟著點菜（原來兇手就是我）。

拍片剪片的日常，其實說起來過得算是有滋有味，再看看訂閱數保持成長，觀看次數也屢創新高，可是……怎麼還是沒錢？原來因為當時的訂閱數只有2萬多，無法開通會員粉絲抖內，所以實際上每個月領到分潤的收入約略300、400€，換算下來大概臺幣1萬多元，連繳房租都不夠。

就在苦思不得其門而入時，看到知名Youtuber志祺七七發表的文章，提到群眾募資的訂閱式集資，這個方式彷彿讓我在茫茫大海抓到一根浮木，於是立刻到嘖嘖zeczec募資平台登記，啟動訂閱式集資試圖突破困境。

通過嘖嘖zeczec募資平台的專案審核時，我完成募資影片「美食節目大革

命╳嘖嘖 zeczec 訂閱式集資計畫」，喊出我出生到現在從來沒想過的口號：「一人 100 塊救救阿辰師，這支影片上線時間是 2019 年 5 月 7 日，那天剛好是我的生日……」

募資影片播出之後，熱烈迴響真的是始料未及，甚至很多的資助費用是一次給予一年份 1200 元，甚至加碼到 1500、2000 元的都有，當我看到一個月竟有 3 萬多臺幣，眼淚都快滴下來，當下真的鬆了一口氣，終於可以繼續做下去了（請見影片「十萬集資感謝乾爹乾媽 順便十萬訂閱 Q&A」）。

對我而言，這次的募資成功是一個指標，也像一粒定心丸，確定自己走在這條路上是正確的。雖然實質的收入很重要，但透過這次的募資，我是真正感受到有粉絲觀眾想看我的頻道，而且還願意資助我，表示我繼續經營頻道拍影片是有意義的。

因為頻道日漸穩定成長，也因此發現自己影響力無遠弗屆（✖），躋身Youtuber 後第一次返台的時機，來了一場別開生面的粉絲見面會（想太多），其實是應邀到雲林西螺御鼎興醬油工廠拍片「匠人手作 柴燒老味道 回甘黑豆醬油」，半年後再度受邀拍攝「飛雀餐桌行動 品味雲林風土的未來餐桌」，跟廠商聊著聊著，竟聊出了聯名的想法，於是誕生第一支周邊商品「法克島油法式料理專用醬油／醬油膏」，催生出自有品牌的第一筆資金，由此完美示範什麼是零成本惡勢力創業，就是……靠粉絲（特大誤）！其實很明顯地發現，當頻道有做出成績後，一切水到渠成，比如後來的聯名商品、與其他 Youtuber 合作等新嘗試，可以很自然地解鎖各種人生清單。而這樣能體驗各種想法、與不同人交流特殊經驗，也是我想繼續做下去的動力。

「長江後浪推前浪，前浪死在沙灘上。」這是很多 Youtuber 不老生卻常談的一句話。若要我來把把脈、說說我創頻道至今的感想，我認為 Youtuber 非聖賢，熟能無低潮？人都難免太在意留言和觀看次數，或是遇到創作陷入瓶頸要

起小憂鬱，但是轉念想想，低潮一下子又不是一輩子。

回顧自己從以前到現在的人生故事，當初的調理包店長、CAP考試、實習地獄、申請簽證，考慮為了生計活下去，那麼多拚命到最後一步的痛苦歷程，不知不覺抬頭看看天空……我的心裡飄出四個字：

攏吼蕊啦！

與扛霸子主廚、老店女主廚的相遇相知

這些人
那些事

常來我 Youtube 頻道客串的扛霸子主廚 Christophe Geoffroy，一直被粉絲認為是領我進門的師傅，其實是一場美麗的誤會。

會和他結下的緣分，其實在我成為 Youtuber 之前那個待業中卻又迷惘無目標的低潮期，當時在 L'Institut Restaurant 餐廳工作任務結束後，身邊朋友為了幫我轉換心情，起鬨慫恿我去報名參加一個金筷子廚藝比賽，殊不知比賽地點就在 L'Institut Restaurant 餐廳樓上的廚藝教室，加上比賽規則明訂非職業參賽者才能報名，因此搞得我尷尬不已，頻頻竊竊私語交代 Chef 和外場領班要「假裝不認識我」，不過也因為這次有點荒謬的場合上，認識了當時比賽的六位評審之一的扛壩子主廚。

後來有一次我在市場剛好遇到他來買菜，兩個愛逛市場的家庭「煮」夫一見如故，聊著聊著才知道，原來這個市場是他朋友經營的，我們一邊挑菜、一邊交流兩國飲食文化，他也順勢把菜一一往我籃子放，最後還很阿莎力直接結帳，讓我帶回一籃子免費新鮮的蔬菜。

其實原本我們的交集並不多，但怎麼會變成莫逆之交呢？這就要從這支影片「帶

日本人體驗傳統法國菜 ft. 夢多 Mondo 大谷主水」說起。在我轉型成 Youtuber 一年後，愛爾達綜合台《地球的慶典》製作團隊聯絡我打算拍攝里昂傳統菜的內容，由於他們預定拍攝日程是在週一，會遇上大多數法國餐廳休息日碰壁的情況。於是我腦筋一轉，突然閃現扛霸子主廚所經營的餐廳 Le Pierre Scize，說明整個經過後，他很豪爽地答應出借場地接待拍攝，甚至在製作團隊預算有限之下，也很夠義氣不拘那些小節，如此寬闊的心胸實在讓我敬佩萬分。

後來我們持續合作了好幾支影片，從「里昂扛霸子主廚的一天 Une journée avec Christophe Geoffroy, le grand chef lyonnais」開拍，到超過 150 萬觀看次數的「請里昂大廚師來家裡吃台灣菜 七道臺式料理驚豔法國主廚」，一直到後來「與大廚們一起做公益」、「臺灣餐車法國市集擺攤 里昂傳統市場推廣台灣菜做公益」等都可以看到這位大廚的身影，俗話說「物以類聚，人以群分」，我們都是很會喇低賽的人，而且他跟我一樣，希望透過活動跟拍片，讓更多人參與公益活動，我們倆簡直就是標準的三觀一致，正所謂孔子以前就說過了：「益者三友，友直，友諒，友多聞。」老師在講，你有沒有在聽（誤）？

說到這裡，其實只是想大家知道，這位扛壩子主廚是多麼優秀的人，甚至後來幾次再去找他拍影片，暢聊之間總是能學到很多東西，無論料理方面，或是其他生活所思，而這麼棒的人就是我的換帖啦！

至於另一位粉絲超級好奇的老店女主廚 Marie-Victorine，那時我在 L'Institut Restaurant 餐廳工作接近尾聲之際，她來到餐廳打工。

有天她突然在廚房擺放一張桌子，讓一對老夫妻進來用餐，看到這樣的畫面，大家都不覺得他們是一般客人，而是不知哪來的厲害評審來廚房試口味。

我們一群夥伴不禁在一旁交頭接耳看戲，猜想這對老夫妻與她的關係，大家很直覺地想：「這傢伙肯定來頭不小啊！」後來才知道，原來是她的爸爸和繼母，而且真的來頭不小！不過真正知道她是含著金湯匙出身的不凡背景，已經是後來的事了。想當初以為她只是個菜鳥打工仔，還指揮她做東做西……此時默默地冒著冷汗（威，不用那麼浮誇）。

到這裡，大家應該還是不了解她多麼「不凡」，且聽我繼續說明。在里昂有三條知名餐廳街，她父親所經營的餐廳 LE MERCIERE 就是餐廳街赫赫有名的開路先鋒，是名士街（Rue Mercière）第一間餐廳。Marie-Victorine 先前也曾參加法語世界最知名的實境秀 Top Chef 第10季演出，節目前導的參賽者介紹就是在 LE MERCIERE 進行拍攝的。看看這個來頭，又想到她當初來餐廳打工默默做事、謙虛的模樣，就更讓人敬佩了。

至於後來會與她搭上線持續拍相關影片，原因其實是看到她在 FB 貼文寫到即將正式接掌40幾年的老店 LE MERCIERE，且同時又看到她分享了其他 Chef 類型的 Youtuber 在餐廳拍攝的影片，但是這類影片觀看次數卻只有區區50人次，這樣努力與收穫完全不平衡，像在做白工的情況讓我感到有些可惜，想了想後便主動聯繫她，順利促成首次的合作：我接受她的邀請去她家作客，也將這次體驗拍成影片（可參考影片「女主廚家的澎湃美味私人晚宴 Une soirée Exclusive chez une Cheffe de cuisine」），藉此好好地介紹一番女主廚精湛的廚藝，讓更多人認識。

2022 年初，為了她我又專程去了一趟巴黎。因為她後來跑到巴黎經營一間里

昂傳統菜小酒館，而且她的老闆竟然是全世界獲得最多米其林星星的廚師 Alain Ducasse。

大家可以在「Marie-Victorine 女主廚在巴黎的里昂傳統菜 | Restaurant Aux Lyonnais」這支影片中，看到她再次展現在各大餐廳混跡的多年經驗，她做的料理既保留傳統元素，又加入了很多創新手法，非常的棒啊！

這邊科普一下，里昂傳統菜被當地人認為是一種「媽媽菜」。有家鄉味的經典風味與菜色，不過因為食材多是肉類，且因為料理手法緣故，口味較重較油膩，因此吃起來或許會感到負擔，Marie-Victorine 則是保留原本傳統菜的口味，將蔬菜的運用比例拉高，調和出符合現代人的口味，我實在非常尬意她重新詮釋的里昂傳統菜啊！

這就是我與神一般強的女主廚相識過程，也歡迎大家有機會到里昂走走時，去品嘗看看女主廚的料理呀！

後記

其實這本書所記錄的人事物當中，有兩位對我人生影響至關重要的人物沒有寫進去，一位是我擺攤賣麵包時期傾全力在背後教導我如何創業的前輩，另一位是我人生面臨最低谷，迷惘無助、悲傷至極的當下，幫我找回自己的治療師，是因為認識了他們，才奠定我日後在法國遭遇困難沒有輕言放棄的強韌心態，由於兩位的影響太過深遠，難以用文字來形容，因此想用這一小段話表達我的感謝：謝謝你教我相信自己，做自己想做的事；謝謝妳教我找到感知，開始了解真正的自己。

另外，如果看完這本書讓你覺得很熱血、很勵志，激發你也想要幹一番大事的衝動，我必須奉勸你三思而後行，畢竟每個人的狀況、背景都不同，不要看了別人的範例之後覺得他可以，我為什麼不行？沒有要唱衰，但一路走來看到過大多數案例都是中途放棄，畢竟看別人做都很簡單，真的讓你遇到就知道有多困難！書裡的內容的確都是扎扎實實個人經歷，但礙於篇幅與流暢性，很難把所有雜七雜八細節都血淋淋地記錄進去，因此最真實的感受還是只有我自己知道，如果要我重新再來一遍，林北才不要勒……哪個白癡想把自己搞得那麼痛苦。

最後，感謝我老婆 Alice Noel 諾雅梨一路以來的支持，要不是她鼓勵我繼續拍影片不要管有錢沒錢，可能阿辰師頻道開始不到三個月就斷更了，也不會有現在寫這本書的契機，當然還有協助出書的各位編輯們，你們才是完成這本書的幕後英雄，沒有你們我辦不到啊……謝謝了啦！

NG畫面流出（誤），在法國的日子

平凡與不平凡的日子裡，
遇到許多貴人，也經歷了不少事，
這些都是我一路走來的生活軌跡。

住宿期間開成的廚藝班

02

01

01、02 在宿舍教菜，對象是學生，所以會教他們運用當季新鮮較低價的食材，且簡單的做法來操作，像是包餃子、煮義大利麵。

04

03

03、04 在口耳相傳之下，參加的同學愈來愈多，嘗試的料理也愈來愈多樣。透過食物交流語言、文化，也滋養了我的法文學習。

06

06 這是我在里昂住的是 CROUS（大學生活服務中心）管理的宿舍，總共有十幾棟，而我住的是這一棟。

05

05 走進宿舍內，可以看見……這裝潢跟配色，怎麼那麼像監獄啊（誤）！

07

靠打球練法文、交朋友

07 我找了許多事情來填補我的空閒時間，其中一項就是打羽球。中間那位就是個性白爛好相處的模里西斯人 Kris。
相關文章請見：〈Chapter2 踏上又愛又恨的國度〉

08

與寄宿家庭的緣分

08 當時入住寄宿家庭，是位在里昂老城區的大公寓，往外看到紅白錯落的建築，別有一番情調。

09

09 我與寄宿家庭相處非常融洽，Home 爸 Patrick 也經常帶我一起參加他們的活動。

13 CAP 課程受訓的項目是 Cuisine 料理，學的都是傳統的法國菜以及甜點。

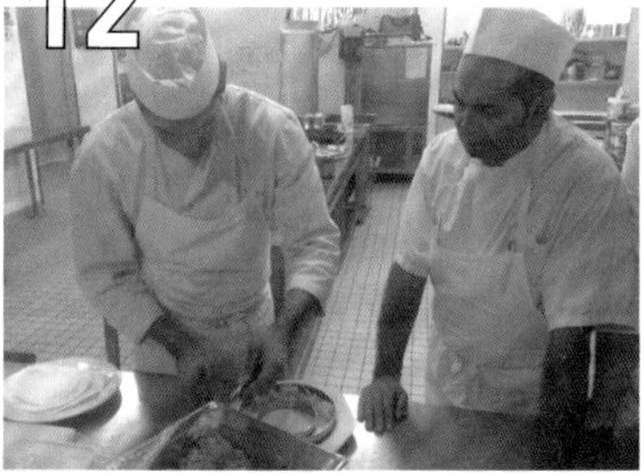

12 左邊是我們的 Chef，右邊是我的摩洛哥大叔夥伴。

扎實的職業訓練生活

14 Chef 正教導我正在處理的一道料理。

11 Patrick 通常都是開這台車載我們兜風。

10 我們常常在週末風光明媚的日子，度過優閒快樂的時光。

邊實習邊滑雪

15 我第一次實習地點是在阿爾杜維茲（Alpe d'Huez），是法國相當知名的滑雪勝地。

16 這位女生就是 Ludovine，工作時非常流暢有效率。

17 在滑雪站餐廳工作的好處，就是可以去滑雪。

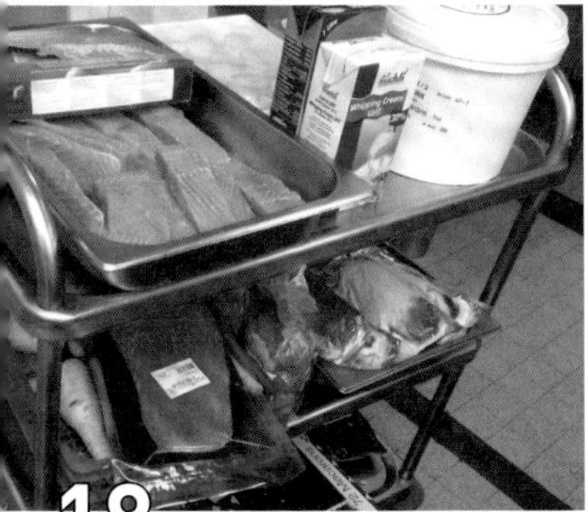

18 這是我第一次真正在專業廚房裡工作。學校教的、書上看到的，都在這裡實踐，像是料理推車上就清楚分類好各食材。

19

19 跟 Chef、同事們一起度過充實的實習日子。

試賣控肉飯大成功

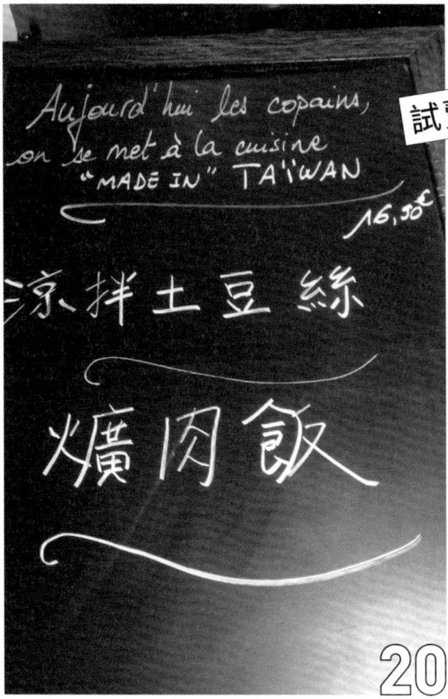

20 許多客人似乎受到這中文菜單的吸引，以及 Chef 的宣傳，當天做了很多臺灣特餐。

21 滷肉、滷蛋從準備到製作，都是大工程，但每個環節都不可以馬虎。

22 擺好餐具，看向外面，等待客人前來的心情十分複雜。

23

再一次挑戰臺灣菜——三杯雞

23 我也為了三杯雞特餐設計了套餐的菜單。

24

24 手忙腳亂之下，請同事也一起來幫忙。

25

25 為了避免法國人拿麵包來搭配三杯雞，我再加入麵條來吸收三杯雞的湯汁，整道菜更入味。

26

到賭場實習一週

26 再去 Aix-les-bains 當地最著名的賭場實習。廚房有一個完整團隊在運作，規模也非常大，每個工作區域精確的劃分，各個位置都有人專職負責。

27

27 賭場的餐廳非常氣派豪華，可以容納破百個客人，可想而知出餐期間非常刺激。

28 甜點師是個很白爛的帥哥，儘管一臉屁孩樣，工作時還挺一絲不苟，對細節很要求。

29 這裡的配置是前菜跟甜點互相支援，因此很常在兩個工作台跑來跑去。

30 之後也輪去幫過負責魚肉海鮮、長得像超級瑪莉的義大利叔叔，雖然他口音很重，不過很有耐心，傳授不少海鮮的處理技巧。

到保羅爺爺的餐廳實習

31 這是我在 CAP Cuisine 考試前的最後一次實習的餐廳，餐廳老闆正是赫赫有名的世紀廚神保羅爺爺。

33 廚房規模非常大，平均有將近 15 個廚師同時在裡面工作，幾乎可以比擬一間食品工廠。

32 用餐區的座位大概有 450 個，非常壯觀。
相關文章請見：〈Chapter3 學徒的苦與蜜〉

35 在這裡可以接觸到很多種高品質的食材、原物料，是增廣見聞的好機會。

34 餐期有 200、300 個客人同時湧入是很正常的事，除了備料的量要很大之外，餐具也有既定的準備模式，以方便作業。

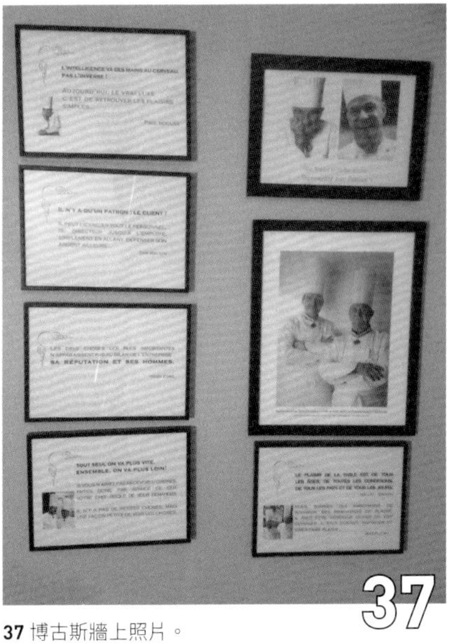

37 博古斯牆上照片。

36 層層堆疊的肉盤與料理非常整齊擺放，以利控管料理速度與出菜時機。

到被種族歧視的餐廳

38 右邊這位 Chef 就是把工作都推給我，在一旁悠哉不打緊，還很喜歡開種族歧視的玩笑。

39 這間餐廳也時常有許多浪費食材的行為，如丟掉切下來的肉部位、鮭魚肚等，真的覺得這些食材很可惜。

難得找到事少離家近的工作

40 Chef 是超級拉丁美洲人性格的墨西哥人。

41 這段時間跟同事們相處非常融洽，甚至還剛好在餐廳度過我五月的生日趴。

42

空閒時學跳舞

42 待業期間，牽起了我與跳舞的緣分。
相關文章請見：〈Chapter4 飄留里昂〉

家裡開趴

43

43 當初在市中心找到房子，地點好、空間大、室友罩、廚房設備又齊全。

44

44、45 經常在假日就會找朋友來家裡煮菜、跳舞、開趴，廚藝教室就是建構在這樣的概念下誕生。

45

廚藝教室創業

47

46

46、**47** 學做菜需要大量的實際操作練習，因此我試圖將過去學習料理的真實經歷轉化到課程當中，讓大家可以實際摸索。

48

48 經營方式採會員制，讓真正有興趣的人把料理當成是一種才藝，可以固定時間來學習。

49

50

49、**50** 因為不可能所有人同時有事做，因此都會準備飲品、小點，讓他們喝酒喇賽互相交流認識，整個氛圍營造出像一場輕鬆的社交聚會。

私廚接案一次就上手

51

51 為了這慎重的第一次私廚接案，從前兩天就開始四處奔波準備，到了當天裝了足足兩大袋來到現場。

52

52 這是 Estelle 一家第一次預定私人主廚到家裡做菜，也是我第一次做菜有人全程跟拍記錄，表面泰然自若做菜、說菜，但其實當下心情興奮又緊張。

53

53、**54** 有趣的是，還有「女子單身派對」的教做菜私廚任務，大家都玩得很開心。
相關文章請見：〈Chapter5 轉換身分，繼續前行〉

54